처음 만나는 그리스 로마 신화

미래주니어

머리말

'그리스 로마 신화'는 어린 시절 저에게 아주 특별한 이야기였어요. 무엇보다 제일 좋아하던 책《안네의 일기》에서 유대인 소녀 안네가 '그리스 로마 신화'를 무척 좋아했기 때문이에요. '그리스 로마 신화'는 실제로도 제게 많은 영향을 끼쳤어요.

이 책에는 다루지 않았지만, 헨델의 오라토리오에서 〈헤라클레스의 선택〉을 보면 헤라클레스가 위대한 노역을 시작하기 전에 두 명의 여인이 헤라클레스를 찾아오는 이야기가 있어요. 한 명은 화려하고 아름다운 '쾌락'이고, 또 한 명은 초라하지만 빛나는 눈을 가진 '미덕'이었어요. 이 두 여인 중 하나를 택해야 하는데, 어느 쪽을 택하든 그 길이 앞으로 살아가게 될 인생의 길이 될 거라는 말에 헤라클레스는 서슴지 않고 미덕을 택해요. 이 결정을 내리자마자 사자 한 마리가 양 떼를 덮치고, 그 사자를 때려잡으면서 헤라클레스는 영웅의 길을 걷기 시작해요.

이 이야기는 어린 시절 제게 깊은 감명을 주었어요. 언제인지도 모를 까마득한 옛이야기가 오늘을 살아가는 제게도 큰 영향을 끼칠 수 있다는 게 정말 신기했답니다. 이처럼 아주 오랫동안 전해 내려온 이야기는 알게 모르게 사람들의 삶에 스며들어 있어요.

무엇보다 서구 문화의 바탕이 되는 '그리스 로마 신화'를 모르고는 서구 문화를 이해하기 힘들어요. 현재까지 영어를 비롯한 여러 언어와 문학 작품 속에서도 그 흔적을 찾아볼 수 있기 때문이에요. 또한, 수많은 영화와 게임 속 세계관을 구성할 때도 '그리스 로마 신화'를 바탕으로 할 때가 많아요. 실제로 수많은 게임 속 캐릭터들이 '그리스 로마 신화'에 나오는 온갖 괴물들을 바탕으로 만들어졌답니다.

그래서 앞으로 무럭무럭 자라 세계로 나아갈 어린이 여러분이라면, '그리스 로마 신화'를 꼭 읽어야 한다고 생각해요. 모두가 헤라클레스 같은 영웅이 될 수는 없지만, 이 이야기를 읽는 여러분의 삶에 이 책이 좋은 밑거름이 되기를, 삶을 아름답게 키우는 흙이 되기를 간절히 바랍니다.

조이스 박

'그리스 로마 신화'를 읽기 전에

　세계 문명의 시작으로 메소포타미아 문명, 인더스 문명, 황하 문명, 이집트 문명이 있어요. 그 고대 문명에 이어서 나타난 오래된 문명 중 하나가 바로 그리스 문명이에요. 현재 그리스 지역을 포함해 에게해를 건너 터키가 자리 잡고 있는 아나톨리아 반도, 소아시아 지역과 지중해를 건너 아프리카 북부 지역까지가 모두 그리스 문명권이었지요. '그리스 로마 신화'는 이 지역들을 배경으로 해요.

　신화는 하루아침에 만들어진 것이 아니에요. 오랜 세월 전해 내려오며 조금씩 달라져요. 신화에 등장하는 신들 역시 여러 지역에서 섬기는 신들과 합쳐지고 바뀌며 전해졌어요. 그 대표적인 예로, 태양신은 여러 지역에서 '헬리오스'로 불렸는데, 어느 순간 '아폴론'으로 통일이 되었어요.

　그리스 지역의 신화는 그리스 문명의 부흥기가 끝나고, 이탈리아 지역에서 발생한 로마 문명이 발전하면서 로마 문명 속으로 흡수되었어요. 그래서 그리스의 신들은 로마식 이름이 따로 있어요. 그리스 신화의 제우스가 로마 신화에서는 주피터이고, 그리스 신화의 아프로디테가 로마 신화의 비너스라 불리는 이유가 바로 그 때문이지요. 이처럼 그리스에서 로마로 이어져 내려왔기 때문에 보통 '그리스 로마 신화'라고 부른답니다. 이 책에서는 여러분의 이해를 돕기 위해 그리스식의 이름만 썼어요.

'그리스 로마 신화'는 오랜 세월 구전으로 전해졌고, 그를 통해 이야기의 내용이 조금씩 바뀌었기 때문에 앞뒤가 맞지 않을 때도 있고, 여러 가지 내용이 섞이기도 해요. 이 책에서는 어린이들의 눈높이에 맞는 이야기를 선정해 재미있게 구성했어요.

'그리스 로마 신화'를 통해 인간과 똑같이 생각하고 때로는 실수도 하는 신들을 만나보세요. 완벽하지만은 않은 신들의 모습에서 색다른 매력을 느낄 수 있을 거예요. 그렇게 신화는 세계 어디에서도 통하는 이야기가 되고, 오늘날 우리의 마음에 깊이 새겨진답니다.

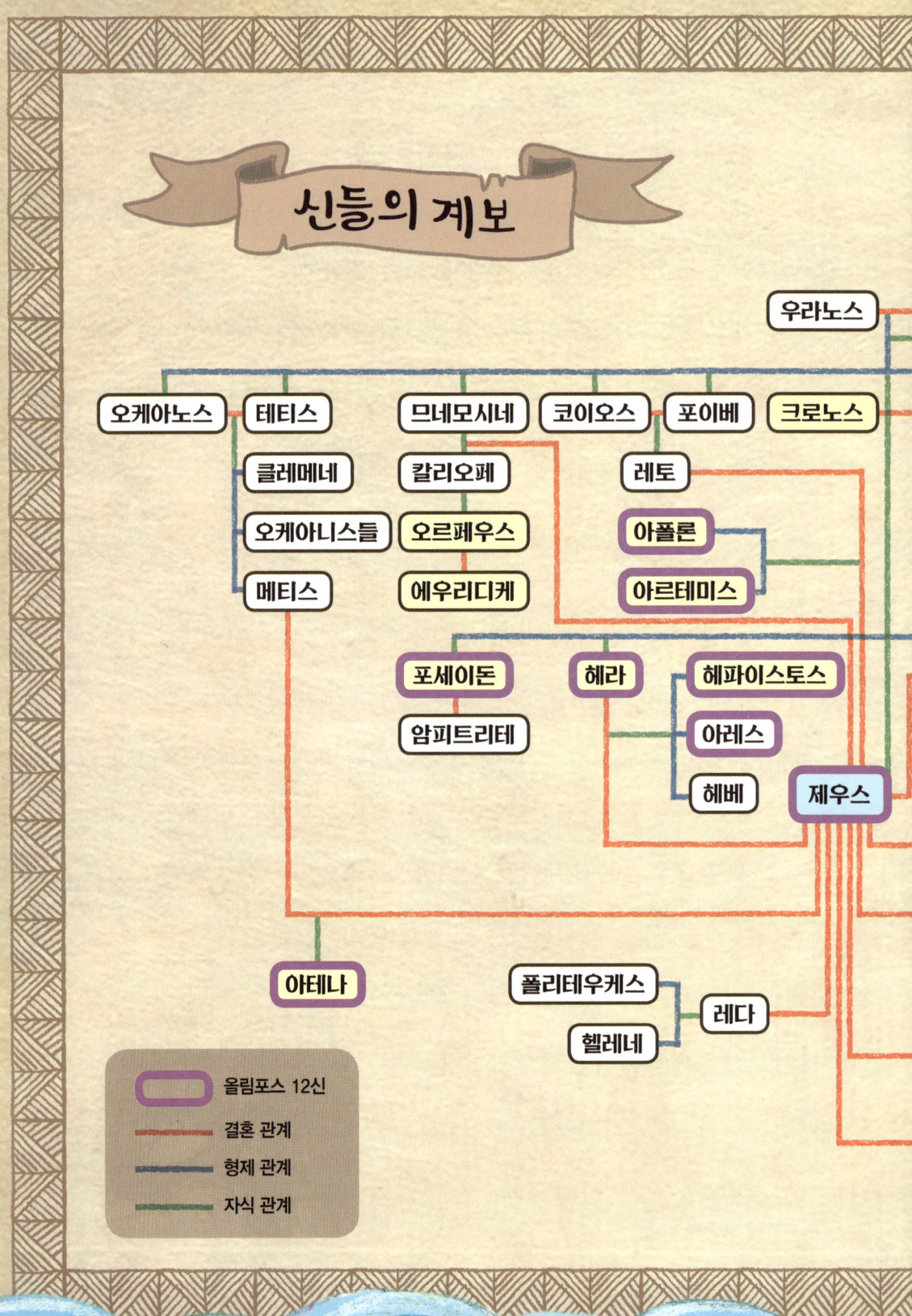

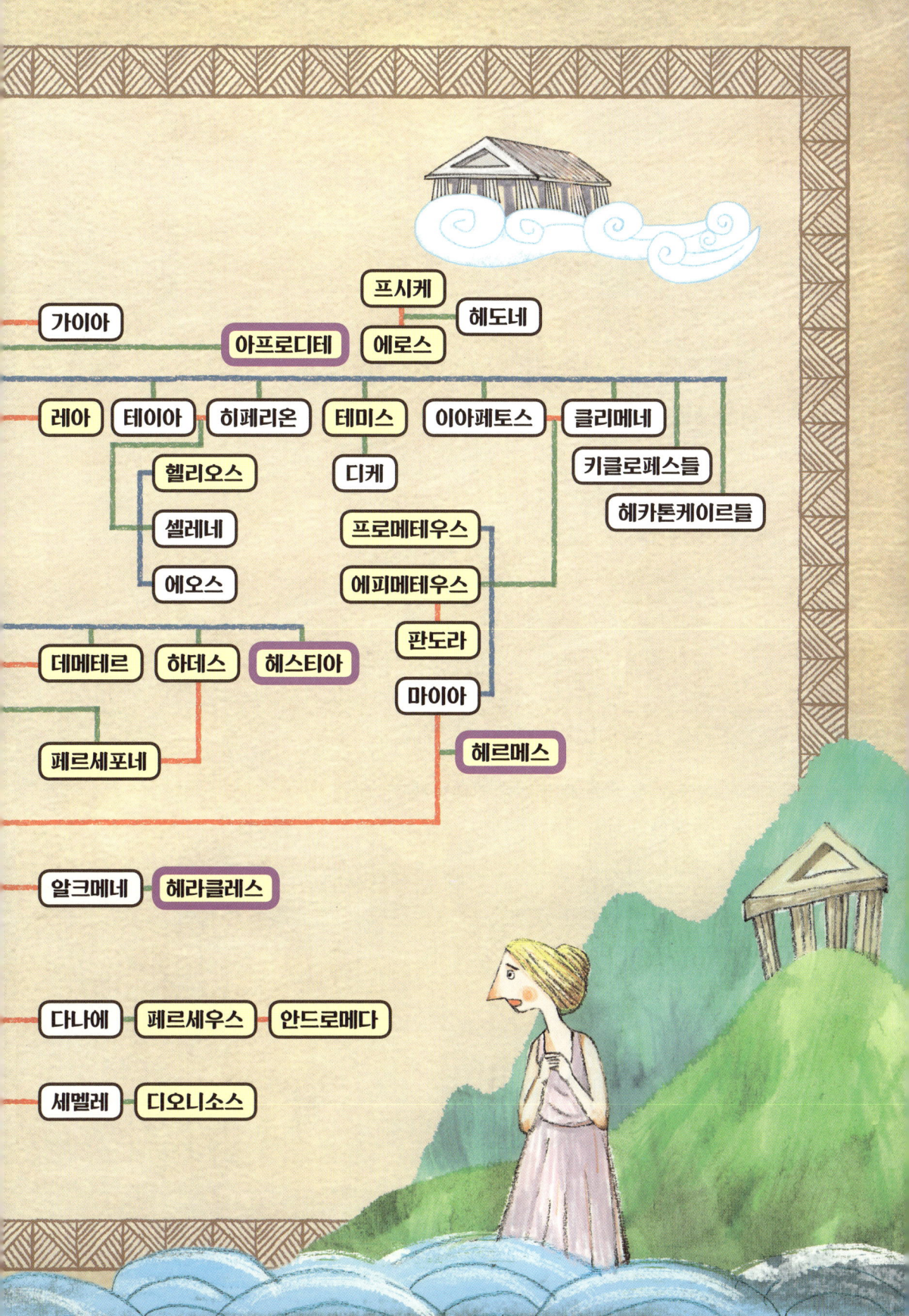

차례

머리말 02
'그리스 로마 신화'를 읽기 전에 04
신들의 계보 06

1장 올림포스 신들의 탄생
신들의 제왕, 제우스 12
제우스와 에우로페 20
가장 못생긴 신과 결혼한 가장 아름다운 여신 26

2장 세상의 시작
인류에게 불을 가져다 준 프로메테우스 36
판도라의 상자 44
대홍수 52

3장 신들의 사랑 이야기
월계수가 된 다프네 60
하데스의 사랑 66
에로스와 프시케 74
오르페우스와 에우리디케 84

4장 영웅들의 모험

메두사를 죽인 페르세우스 92
안드로메다를 구한 페르세우스 98
헤라클레스의 열두 가지 노역 104
헤라클레스의 죽음 112

5장 신과 인간의 시기와 질투

사슴이 되어 죽은 악테온 120
거미가 된 아라크네 126
영원히 눈물을 흘리는 바위가 된 니오베 132

6장 운명과 깨달음

태어나자마자 도둑질을 한 헤르메스 140
미다스의 손 146
이카루스의 날개 154
오이디푸스의 비극적인 운명 162

1장

올림포스 신들의 탄생

신들의 제왕, 제우스

"내 자식이 나를 쫓아낼 거라고!"

크로노스는 잔뜩 흥분해서 소리를 질렀다. 그는 기겁할 수밖에 없었다. 크로노스 자신도 아버지 우라노스를 쫓아내지 않았던가!

원래 세계는 대지의 여신 가이아와 하늘의 신 우라노스가 결혼하며 만들어졌다. 우라노스는 가이아가 낳은 자식인 타이탄들을 지하세계 깊은 곳에 감금한 채 햇빛으로 나오지 못하게 했다. 자식들이 밖으로 나오지 못하자 가이아는 무척 괴로웠다. 결국, 가이아는 우라노스를 증오하게 되었고, 어머니의 바람대로 막내아들인 크로노스가 아버지를 쫓아내었다.

그런 후 크로노스는 당당히 타이탄들의 왕이자 세계를 다스리는 신이 되었다. 하지만 그런 크로노스도 운명에서 벗어나지 못했다. 크로노스는 자신도 자식에게 쫓겨날 운명이라는 소리를 듣고는 불현듯 두려워졌다.

"말도 안 돼! 내 아버지와 똑같이 내가 쫓겨날 수는 없지!"

불안한 크로노스는 어떻게든 그 운명을 피하려고 했다. 그래서 자기 아이들이 태어나는 대로 하나씩 모두 삼켜 버리기로 마음먹었다.

"내 자식들이 내 뱃속에서 아예 세상 밖으로 나오지 못하도록 하겠어!"

그 말을 들은 크로노스의 부인 레아는 깜짝 놀라 남편을 말렸다.

"안 돼요! 그럴 수는 없어요!"

레아가 아무리 울며불며 말려도 두려움에 사로잡힌 크로노스를 막을 수는 없었다.

"감히 내 자식들을 다 삼켜 버리다니, 아무리 남편이라도 용서할 수 없어!"

자식을 낳자마자 남편이 자식들을 자기 눈앞에서 꿀꺽 삼키는 꼴을 무려 다섯 번이나 지켜볼 수밖에 없었던 레아 역시 크로

노스를 증오하게 되었다.

　여섯 번째 아이를 가진 레아는 무슨 수를 써서라도 이 아이만은 지켜야겠다고 결심한다. 그래서 남편 몰래 아이를 낳아 크레타섬에 감추었다.

　얼마 후 아이를 낳았다는 소식을 듣고 크로노스가 또 아이를 삼키러 왔을 때, 레아는 아기 크기만 한 돌을 준비해서 아기처럼 포대기에 둘둘 말아서 내주었다.

　"흑흑, 아기는 여기 있어요!"

　크로노스는 그게 돌인 줄도 모르고 냉큼 받아서 한입에 삼켰다.

　꿀꺽!

　"으하하하! 이제 나를 내쫓을 자식이 하나도 남지 않았다!"

　이렇게 크로노스는 안심하고 돌아갔다.

　레아는 크로노스 몰래

숨긴 여섯 번째 아이 제우스를 크레타섬 이데산에 사는 아말테이아라는 님페요정에게 맡겼다.

"아말테이아, 부디 크로노스에게 들키지 않고 아기를 무사히 키워 주세요."

아말테이아는 걱정하며 말했다.

"하지만 크로노스가 땅과 바다와 하늘을 모두 다스리는데, 어떻게 들키지 않고 아기를 키우죠? 음, 여기는 바다와는 먼 산이라서 안 들킬 방법이 있을 것도 같은데……."

한참을 고민한 아말테이아는 좋은 생각을 떠올렸다.

"아, 그러면 되겠구나!"

아말테이아는 아기를 나무에 밧줄로 매달아 두고 염소젖을 먹이며 정성을 다해 키웠다. 아기가 땅에 닿지 않으니 땅에 들키지 않았고, 나뭇가지에 가려 하늘에서도 보이지 않았다. 제우스는 그렇게 나무에 매달려 무럭무럭 자랐다.

시간이 흐르고 어느덧 청년이 된 제우스는 어머니인 레아를 찾아갔다.

"어머니, 전 이렇게 평생 숨어 살 수 없어요! 아버지와 맞서 싸우겠어요!"

"얘야, 너 혼자 싸우면 절대 이길 수 없단다."

"그러면 어떻게 하면 될까요?"

레아는 크로노스의 배 속에 갇혀 세상에 나오지 못하고 있는 다른 자식들이 걱정되었다.

"네 아버지가 삼킨 형들과 누나들을 토해내도록 하자. 형제들과 일단 힘을 합쳐 싸워야 해!"

레아는 마법의 약을 사용해 크로노스가 삼켰던 아이들을 도로 다 토해내게 했다. 제우스의 형과 누나들은 신의 자식들이라 아버지의 배 속에서도 멀쩡하게 살아났다.

"우리만으로는 부족해요. 아버지의 적들과도 힘을 합치겠어요!"

제우스는 아버지가 가두었던 100개의 팔과 50개의 머리를 지닌 거인 삼 형제 헤카톤케이르들과 외눈박이 거인인 키클로페스들을 찾아가 풀어 주었다. 그리고 이들과 자신의 형제 신들과 힘을 합쳐 아버지와 싸우기 시작했다.

제우스의 도전에 화가 난 크로노스는 큰소리로 외쳤다.

"이런 괘씸한 것들 같으니라고! 나의 동족, 타이탄들이여! 나와 함께하라!"

가만히 앉아서 당할 크로노스가 아니었다. 타이탄의 군대를 이끈 크로노스는 그렇게 제우스의 무리와 꼬박 10년을 싸웠다.

"제우스여! 우리를 풀어 주신 은혜에 감사드리며, 이것을 바칩니다!"

뛰어난 대장장이인 외눈박이 키클로페스들은 번개를 만들어 양동이에 담아 제우스에게 바쳤다. 제우스만 쓸 수 있는 이 번개는 올림포스의 힘으로 다시금 채워지고 또 채워져서, 제우스가 적들과 싸울 때 엄청난 위력을 발휘했다.

제우스가 하늘에서 번개를 잡아 던지면, 아버지 크로노스가 세상을 다스리기 이전부터 세상에 존재했던 옛 신들과 타이탄들도 이 번개에 맞아 꼼짝도 못하고 나동그라졌다.

제우스와 타이탄들은 치열하게 싸웠고, 결국 예언대로 크로노스가 졌다.

제우스는 전쟁에서 승리한 후, 살아남은 타이탄들과 아버지 크로노스를 영원히 지하세계에 가두었다.

"분하다! 내가 내 아버지와 똑같은 꼴이 되다니!"

크로노스의 외침이 어둠 속에서 영원히 메아리쳤다.

"제우스, 우리 모두를 구했구나. 네가 하늘을 맡아 신들의 왕이 되어도 좋아!"

제우스의 형제들은 제우스가 하늘을 다스리는 동시에 올림포스의 왕좌에 올라 신들의 왕이 되는 데 모두 찬성했다. 형인 포세이돈은 바다를 다스리는 신이 되었고, 하데스는 저승 세계를 맡아서 명부의 왕이 되었다. 그렇게 하늘과 바다와 저승을 신들이 맡아 다스리면서 세상에는 다시 평화가 찾아왔다.

> ☑ 깊이 생각해보기
>
> **구세대는 사라지고 새로운 세대의 등장**
> '그리스 로마 신화'에서는 옛 신들과 새로운 신들이 전쟁을 하면, 옛 신들이 패배하고 새로운 신들이 나타나 지상과 신들의 세계를 다스려요. 우라노스에서 크로노스, 제우스로 이어지는 신들을 통해 아버지에 저항하고 새롭게 일어나는 아들의 모습을 표현해요. 그렇게 구세대는 사라지고, 새로운 세대가 세상을 지배한다는 의미를 담고 있어요.

제우스와 에우로페

제우스는 신 중의 왕이었기에 못하는 게 별로 없었다. 무엇보다 다른 동물이나 인간의 모습으로 변신하는 능력이 뛰어났다. 제우스는 신들의 나라인 올림포스뿐만 아니라 인간들이 사는 땅에도 관심이 많아서 동물의 모습으로 변신한 채 인간 세상을 둘러보는 것을 즐겼다. 특히 새로 변해서 여기저기를 날아다니며 인간들은 대체 어떻게 사는지, 신들을 얼마나 정성을 다해 모시는지 살펴보는 재미가 쏠쏠했다.

"오늘은 또 어디로 날아가 볼까?"

그날도 제우스는 새로 변해서 바다를 건너 그리스 너머 아프리카 북부의 페니키아까지 날아갔다. 푸르른 풀밭과 그 위에서 유유히 풀을 뜯는 소 떼, 이 소 떼를 몰고 다니는 목동을 지켜보는 일은 늘 즐거웠다. 목동이 피리를 불거나 리라_{고대 그리스의 현악기}를 튕기며 노래를 부를 때면, 자신이 다스리는 세상에서 인간들이 행복하게 사는 것 같아 뿌듯함이 느껴졌다. 그렇게 페니키아 왕의 소 떼를 내려다보던 제우스의 시선은 어느 순간 소 떼 근처에서 또래 친구들과 놀고 있는 아름다운 아가씨에게 머물렀다.

아름다운 아가씨가 친구들과 풀밭에서 즐겁게 웃고 떠들며 노래하고 있었다. 바로 페니키아 왕의 딸인 에우로페였다. 제우스는 에우로페를 바라보다가 하마터면 날갯짓하는 것을 잊어서 땅으로 곤두박질칠 뻔했다. 깜짝 놀라서 서둘러 몸을 추스른 제우스는 곰곰이 생각했다.

'저 아가씨는 인간 남자의 짝이 되기에는 너무도 아깝군!'

제우스는 곧바로 아주 멋진 하얀 황소로 모습을 바꾸어서 소 떼 사이에 숨어들었다. 그러고는 천천히 에우로페에게로 다가갔다.

하얗고 커다란 황소 한 마리가 느릿느릿 걸어오는 걸 본 에우로페는 친구들에게서 멀어져 황소에게 다가갔다. 황소는 마치 할 말이라도 있는 듯 유심히 에우로페를 쳐다보고 있었다. 그리고 더는 다가오지 않고 이만큼 떨어져서 가만히 기다렸다. 황소가 계속 다가왔으면 덜컥 겁이 났을지도 모르지만, 그렇게 거리를 두고 서서 '음매' 하고 울며 기다리자, 에우로페는 용기를 내어 하얀 황소에게 다가갔다. 황소가 순순히 고개를 숙이며 에우로페가 내밀어 쓰다듬는 손길을 받아들였다.

"어머, 너는 참 순하구나!"

에우로페는 황소의 머리를 쓰다듬으며 황소 곁으로 바짝 다가갔다. 무서운 줄만 알았던 황소가 쓰다듬는 대로 조용히 몸을 맡겨 오자 에우로페는 평소에 많았던 겁도 다 달아났다. 오히려 이 황소의 등에 올라타고 아버지에게 돌아가 황소를 길들였다고 자랑을 하고 싶어졌다. 에우로페를 지나치게 걱정하고 간섭하는 아버지에게 자신이 황소도 길들여 탈 줄 안다고 보여 주고 싶었다.

에우로페는 자신 있게 하얀 황소에 올라탔다. 황소는 에우로페가 올라타는 걸 돕기라도 하듯 몸까지 낮춰 주었다. 황소의 등에 올라탄 에우로페는 의기양양하게 친구들을 부를 참이었다.

그러나 처음에는 터벅터벅 걷기 시작했던 하얀 황소는 에우로페가 손을 들어 친구들을 부르려 하자 더 빨리 달리기 시작했다. 에우로페는 황소의 등에서 떨어질까 두려워 두 뿔을 꼭 잡았다. 그러자 하얀 황소는 갑자기 놀라울 정도로 빠른 속도로 달리기 시작했다. 황소가 어떻게 이렇게 빨리 달릴 수 있는지 믿을 수 없을 정도였다.

"꺄아아악! 살려 주세요!"

에우로페는 친구들에게 자랑하기는커녕 비명을 지르기 시작

했다. 황소의 등에서 떨어질까 봐 무서워 뿔을 꼭 잡고 매달린 채 있는 힘껏 살려 달라고 비명을 질렀다. 친구들은 그제야 돌아보며 웅성거렸고, 저 멀리서 목동과 군인들이 달려오는 게 보였다. 그러나 에우로페와 황소를 따라잡기에는 이미 너무 늦어 버렸다.

황소는 해변까지 한달음에 질주했다. 목동과 군인들은 황소가 바다에 다다르면 멈춰 서서 공주를 내려놓을 줄 알았다. 그러나 황소는 그대로 바다로 뛰어들더니 에우로페를 태운 채 헤엄을 쳐서 바다를 건너기 시작했다.

순식간에 벌어진 일에 해변에 남은 사람들은 모두 어안이 벙벙했다. 그들은 왕에게 말보다 빨리 달리고 바다를 헤엄치는 소에게 공주가 납치되었다고 말해야 했다.

하지만 에우로페는 친구들과 목동들이 아버지에게 어떻게 말했는지 알지 못했다. 다시는 페니키아로 돌아가지 못했기 때문이다. 에우로페를 태운 제우스는 그대로 지중해를 건너 에게해의 크레타섬까지 가서 내려놓았다. 그리고 모습을 바꾸어 신들의 왕인 자신의 모습을 드러내었다.

에우로페는 제우스의 보호 아래 크레타섬의 여왕이 되었다.

제우스의 아들을 낳았고, 그 아들 미노스가 왕위를 이으면서 크레타섬은 살기 좋은 곳이 되었다.

　유럽 최초의 문명인 미노스 문명은 그렇게 시작되었고, 에우로페의 이름은 지중해 반대편 대륙의 이름이 되면서 영원히 남았다. 에우로페가 고향을 떠나 부모와 헤어져 흘린 눈물은 자식을 키우고 여왕이 되어 크레타를 살기 좋은 곳으로 만들면서 값진 눈물이 되었다.

☑ 깊이 생각해보기

유럽 이름의 시작이 된 에우로페

유럽 대륙의 이름은 페니키아 공주인 에우로페에서 비롯되었어요. 이를 통해 지중해 동쪽 지역의 소와 관련된 문명이 크레타섬을 거쳐 유럽으로 퍼져 나갔다고 예측해 볼 수 있어요. 페니키아는 실제로 알파벳이 처음 생겨난 곳이기도 해요.
　또 다른 신화로는 에우로페의 오빠 카드모스가 용의 이빨을 땅에 심어 이빨에서 나온 군대로 전투를 하고, 테베를 건국했다는 이야기도 있어요. 여기서 용의 이빨에서 나온 군사란 글자가 가진 힘을 상징한다고 보기도 해요.

가장 못생긴 신과 결혼한 가장 아름다운 여신

"흥! 이제는 하다 못해 애도 혼자 만들어 오네!"

바람둥이 제우스가 혼자서 여신 아테나를 낳았다는 소문을 들은 헤라는 화가 치밀어 올랐다. 계속 머리가 아팠던 제우스는 머리를 열어 완전 무장을 한 지혜의 여신이자 전쟁의 여신인 아름다운 아테나를 꺼냈다. 남편이 멋진 여신을 혼자 낳는 것을 본 헤라는 자기도 혼자 아이를 만들어 보겠노라 주먹을 불끈 쥐었다.

얼마 후 헤라는 온갖 수를 써서 혼자 아이를 만들었다.

"말도 안 돼! 이 아이가 내 아이일 리가 없어. 너무 못생겼잖아!"

헤라가 낳은 사내아이는 너무도 추한 모습을 하고 있었다. 그 아이가 마음에 들지 않았던 헤라는 올림포스 산꼭대기에서 아이를 그대로 던져 버렸다. 헤파이스토스는 그렇게 태어나자마자 버려졌고, 까마득히 높은 올림포스에서 지상으로 떨어지면서 그 충격으로 절름발이가 되었다.

하지만 헤파이스토스에게는 타고난 재능이 있었다. 손재주가 남달랐던 그는 최고의 대장장이이자 목수가 되었으며, 만들지 못하는 것이 없었다. 용암이 뿜어져 나오는 화산이 그의 작업장이었다. 그는 뜨거운 용암을 용광로로 삼아 신들조차 감탄할 만한 물건들을 만들어냈다.

헤파이스토스는 헤르메스의 모자와 신발, 태양신 아폴론이 타는 전차, 에로스의 활과 화살, 아킬레스의 갑옷 등 여러 가지 신통한 물건들을 많이 만들었다.

특히, 신들 사이의 전갈을 전하는 전령이었던 헤르메스 신에게는 날개 달린 모자 '페타소스'와 날개 달린 신발 '탈라리아'가 아주 유용했다. 또, 네 마리의 말이 끄는 아폴론의 불의 전차는 매일 태양을 끌고 하늘을 가로지르는 데 없어서는 안 될 물건이었다. 찔리면 사랑에 빠지게 만들거나 혹은 끔찍하게 싫어하게 만드는 에로스의 화살은 신도 사람도 쩔쩔매게 했다. 이런 놀라운 물건들을 만들어내자 신들도 헤파이스토스를 올림포스로 불러들일 수밖에 없었다.

올림포스로 돌아간 헤파이스토스는 그 즉시 자신을 버린 어머니 헤라 여신에게 금으로 된 왕좌를 만들어 선물했다. 헤라는 아들의 선물을 받고 멋도 모르고 좋아하며 의자에 털썩 앉았다. 하지만 이 의자는 신통력이 있어서 한 번 앉으면 다시 일어설 수가 없었다.

"내가 잘못했다. 부디 일어나게 해 줘!"

헤라가 울며불며 사정했지만 소용이 없었다. 급기야 다른 신들까지 나서서 헤파이스토스를 달래야 했다.

"아무리 그래도 자네 어머니이고 최고 신의 아내이지 않은가! 그만 용서하시게!"

하지만 헤파이스토스가 꿈쩍도 하지 않자 제우스와 다른 신들은 헤파이스토스에게 이렇게 약속했다.

"올림포스에서 가장 아름다운 여신인 아프로디테를 아내로 맞게 해 주겠네!"

그제야 헤파이스토스는 헤라를 금 왕좌에서 풀어 주었다.

아프로디테에게는 마른하늘에 날벼락 같은 일이었다. 그녀는 에게해의 거품 속에서 바람의 신들과 공기의 요정들 축복을 받으며 태어난 사랑과 아름다움의 여신이다. 올림포스의 신들뿐만 아니라 모든 하급 신들과 요정들, 정령들이 감탄하며 쳐다보는 가장 아름다운 여신이 올림포스에서 가장 못생긴 남자와 결혼을 해야 하다니!

하지만 바다에서 혼자 태어난 아프로디테는 아무도 대변해 줄 이가 없었다. 제우스의 입장에서는 가장 아름다운 여신을 두고 다른 신들과 티격태격 다툼을 벌이느니 그냥 헤파이스토스에게 맡겨 버리는 게 좋은 방법일 것 같았다. 결국, 아프로디테는 제우스와 다른 신들에게 등이 떠밀려 헤파이스토스와 결혼했다.

하지만 사랑 없이 결혼한 이들의 결혼 생활이 행복할 리가 없었다. 얼마 가지 않아 아프로디테는 전쟁의 신인 아레스를 몰래 만나 사랑을 속삭였다. 그런데 이 모든 것을 하늘에서 지켜보고 있었던 태양의 신 아폴론은 즉시 헤파이스토스에게 이 사실을 알렸다.

화가 머리끝까지 난 헤파이스토스는 도저히 가만히 있을 수가 없었다.

'화가 나서 참을 수가 없구나! 이렇게 두고 볼 수만은 없지!'

헤파이스토스는 즉시 신비한 그물을 만들었다. 그리고 조용히 숨어 있다가 아프로디테와 아레스가 만나 사랑을 속삭이는 순간, 뛰어나가서 이들에게 그물을 던졌다.

"앗, 이게 뭐야?!"

아레스와 아프로디테는 너무 놀라서 도망가려 했지만, 그물에 잡혀 옴짝달싹할 수 없었다. 그들이 발버둥을 치면 칠수록 그물은 더 세게 조여들었다. 전쟁의 신 아레스는 무척 힘이 셌는데

도 그물에서 벗어날 수 없었다.

　헤파이스토스의 복수는 여기서 끝나지 않았다. 그는 이들을 그물 채로 끌고 올림포스로 가서 신들 앞에 던져 놓았다.

　"저는 이 둘을 도저히 용서할 수가 없습니다!"

아레스와 아프로디테는 신들 앞에서 톡톡히 창피를 당하고 말았다. 한참이 지난 후 포세이돈이 헤파이스토스를 설득해서 이 둘은 간신히 그물에서 풀려날 수 있었다. 그 후로 아레스는 트라키아로 달아났고, 아프로디테는 사이프러스로 가서 돌아오지 않았다. 아프로디테는 아레스와의 만남을 헤파이스토스에게 고자질한 아폴론이 무척 원망스러웠다.

'아폴론, 어디 두고 보자!'

당시 아폴론은 클리티에라는 님페를 사랑했다. 그런데 아프로디테가 수를 써서 아폴론이 페르시아 왕의 딸인 레우코토에와 사랑에 빠지게 만들었다.

"어떻게 나를 버리고 인간 여자를 사랑할 수 있지?"

질투에 눈이 먼 클리티에는 레우코토에가 아버지 몰래 남자와 사랑을 나눈다는 소문을 퍼뜨렸다.

격노한 페르시아의 왕은 딸을 끌어내 산 채로 파묻어 버렸다. 허무하게 사랑하는 여인을 잃은 아폴론은 슬픔에 정신을 잃고 9일 동안 불의 전차를 몰며 하늘을 달렸다.

"으악! 해가 계속 지지 않고 있어. 저 뜨거운 햇볕 때문에 식물과 동물은 물론 사람까지 모두 타 죽을 것 같아!"

지상의 사람들은 9일 동안이나 지지 않는 태양 아래에서 겁에 질려 벌벌 떨었다. 아프로디테는 그런 아폴론의 모습을 보며 한참을 웃었다.

"사랑의 여신인 나도 내 사랑을 마음대로 못 하는데, 감히 네 사랑은 마음대로 될 줄 알았더냐!"

하지만 이미 일어난 일은 돌이킬 수 없는 법이다. 복수해 보아도 달라질 것이 없다는 걸 안 아프로디테는 결국 눈물을 흘릴 수밖에 없었다.

☑ 깊이 생각해보기

기술과 사랑의 결합으로 탄생한 인간의 문명

헤파이스토스는 못생긴 대장장이 신으로 '불칸'이라고도 불려요. 화산인 '볼케이노'라는 말의 어원이기도 하지요. 그리스 사람들은 대장장이 신의 용광로가 화산에 있다고 믿었어요. 하지만 그는 과학과 기술의 힘을 나타내는 신이기도 해요. 그가 사랑의 신인 가장 아름다운 여신을 아내로 얻었다는 것은 인간의 문명은 기술과 사랑의 결합으로 만들어진다는 것을 뜻해요.

2장

세상의 시작

인류에게 불을 가져다 준
프로메테우스

모든 타이탄이 제우스의 적이 되어 싸운 것은 아니었다. 타이탄 중에서 프로메테우스와 에피메테우스 형제는 제우스 편을 들었다.

"결국에는 제우스가 이 싸움에서 이길 거야. 그러니 우리는 제우스 편에 서자!"

미래를 내다보는 능력이 있는 형 프로메테우스가 동생 에피메테우스를 설득했다. 그렇게 프로메테우스와 에피메테우스는 제우스와 함께 타이탄들과 싸웠다.

"너희는 생각하는 재주가 있으니, 잘 생각을 해서 지상에 생명을 만들어라."

올림포스의 왕이 된 후 제우스는 이 두 형제에게 지상의 생명체를 만드는 일을 주었다. 프로메테우스는 진흙을 빚어서 사람을 만들었고, 에피메테우스는 온갖 동물들을 만들었다.

"자, 독수리! 네게는 멀리서도 정확하게 볼 수 있는 눈을 주마. 거북이, 너는 어쩐다……. 빨리 달리는 능력도 이미 다른 동물에게 주어서 없고, 이빨도 발톱도 이미 다른 동물에게 주고 없는데 말이다. 옳거니! 네게는 아주 단단한 껍데기를 주어서 위험해지면 그 속에 숨을 수 있도록 해 주마!"

에피메테우스는 동물 하나하나에 특별한 재주나 보호 능력을 선물로 주며 일을 일사천리로 해치웠다. 하지만 프로메테우스는 사람을 만들면서 시간을 오래 들이며 온갖 정성을 기울였다. 그는 신의 형상을 본떠서 사람을 만들었다. 사람은 다른 동물들과는 달리 두 발로 걸을 수 있었고, 고개를 들어 하늘을 우러러볼 수 있었다. 프로메테우스는 심사숙고해서 만든 생명체인 '사람'이 무척 마음에 들었다.

그런데 문제가 생겼다.

"앗, 에피메테우스! 재주나 보호 능력을 다 써 버리면 어떻게 해? 내가 만든 사람에게는 줄 게 하나도 없잖아!"

"뭐? 이미 다 써 버린 걸 어떡하라고!"

에피메테우스 역시 당황스러웠다. 이미 다른 동물들에 주어 버린 재주나 능력을 도로 빼앗아 올 수도 없는 노릇이었다.

그때 프로메테우스에게 좋은 생각이 떠올랐다.

"그래! 인간이 불을 쓸 줄 안다면 위험한 동물들로부터 몸도 지킬 수 있고, 여러 가지 도구도 만들 수 있게 될 거야! 어서 빨리 불을 구해 주어야겠어!"

프로메테우스는 제우스에게 부탁하러 갔다.

"신들의 왕이시여, 명령하신 대로 인간을 만들었습니다. 이 인간들은 지상에서 신들을 섬기는 일을 하게 될 겁니다. 그러나 인간들은 사자처럼 발톱과 이빨이 있는 것도 아니고, 늑대처럼 빨리 달려 물어뜯지도 못하며, 곰처럼 힘이 세지도 않습니다. 하다못해 사슴처럼 빨리 도망치지도 못해요. 그들은 자기 몸을 지킬 수가 없어요. 늘 도망 다니며 굴속에 숨어 살아야 합니다. 이 불쌍한 인간들에게 불을 내려 주시면 안 될까요?"

제우스는 타이탄이나 다른 신들과 싸움을 벌일 때 번개를 무기로 사용했다. 제우스가 불꽃이 번쩍이는 번개를 던져서 꽂으면, 그 어마어마한 힘에 모두가 벌벌 떨었다.

프로메테우스는 제우스가 번개에서 아주 작은 불꽃 하나만 내어 준다면 그 불을 살려서 인간들에게 선물로 줄 생각이었다. 불만 있으면 인간들은 불가에서 몸을 따뜻하게 덥힐 수 있고, 위험한 동물들이 가까이 오지 못하도록 자신들을 지킬 수도 있다. 하지만 제우스는 생각이 달랐다.

"불은 내어줄 수 없다! 인간이 불을 쓰게 되면 너무 많은 것을 만들 수 있게 돼! 그러면 신들에게 고개를 숙이지 않고 신들을 섬기지 않게 될 거야!"

제우스는 인간에게 절대 불을 내주려 하지 않았다.

프로메테우스는 제우스의 거절에 깊이 실망했다. 그리고 깜깜한 밤에도 추위에 벌벌 떨고, 짐승들이 공격해 오면 그저 잡아먹혀야 하는 인간들이 너무도 불쌍했다.

'이를 어쩐다? 제우스가 내어 주지 않으면 어디서 불을 구하지? 헤파이스토스의 대장간에서 훔쳐 올까? 그래 맞아! 태양의 신 아폴론이 불의 전차를 몰고 하늘을 날아다니지? 동쪽 끝에서 아폴론의 전차가 출발할 때 숨어 있다가 몰래 전차에 실린 불을 지푸라기로 옮겨 붙이면 되겠구나!'

그렇게 프로메테우스는 신에게 불을 훔쳐서 인간들에게 가져다주었다.

"자, 이리들 나와 보아라!"

프로메테우스는 동굴 속에 숨어 있던 인간들을 불러내어서 불을 피우는 법을 가르쳤다. 불로 요리하는 법을 가르치고, 여러 가지 도구를 만드는 법도 가르쳤다. 다른 동물들보다 뛰어난 능력이 하나도 없었던 인간들은 숨어 있던 깊은 동굴에서 나와 불 가에 모였고, 힘을 합쳐 마을을 만들기 시작했다.

프로메테우스에게 무기를 만들어 다른 동물들로부터 몸을 지키는 법을 배운 인간들이 불까지 얻자, 비로소 인간은 다른 동물들을 넘어서는 존재가 되었다.

"아니, 왜 어두운 밤인데 지상에 불을 밝히는 곳이 있단 말이냐. 이런, 프로메테우스! 네가 일을 저질렀구나!"

제우스는 나중에 인간들이 불을 쓰는 것을 알고는 무섭게 화를 냈다.

"프로메테우스, 감히 내 명령을 거역하다니! 네가 한 짓을 후

회하도록 만들어 주겠다!"

프로메테우스는 아무도 찾을 수 없도록 멀고 먼 카우카수스 산맥으로 끌려갔다. 그곳의 높은 바위 위에 밧줄로 칭칭 묶인 거로 벌이 끝나는 게 아니었다. 제우스는 독수리를 보내 프로메테우스의 간을 쪼아 먹도록 했다.

사람이 아닌 타이탄인 프로메테우스의 간은 아무리 쪼아 먹혀도 밤새 새로 자랐다. 그리고 다음 날 아침이 되면, 제우스의 독수리가 또다시 날아와 프로메테우스의 간을 쪼아 먹었다. 프로메테우스는 인간에게 불을 주었다는 이유로 영원토록 매일 간을 쪼아 먹히는 벌을 받아야 했다.

하지만 프로메테우스는 오랜 세월 동안 간을 쪼아 먹히면서 때를 기다렸다. 앞을 내다보는 능력이 있는 프로메테우스는 참고 견디다 보면, 언젠가는 제우스와 인간 여자 사이에서 태어난 반인반신의 영웅이 찾아올 것을 알고 있었다.

"불을 얻은 인간들이 나날이 발전하는 모습을 본다면 이까짓 벌이야 얼마든지 참을 수 있어……."

프로메테우스는 그렇게 중얼거리며 혼자서 오래, 아주 오래 기다렸다. 그는 오랜 세월이 지난 어느 날, 헤라클레스라는 영웅이 찾아와 자신을 자유롭게 해 줄 것을 알았기 때문에 희망을 잃지 않았다.

> ☑ 깊이 생각해보기
>
> **미래를 보는 프로메테우스**
> 프로메테우스는 '먼저 생각하는 자'라는 뜻이고, 에피메테우스는 '나중에 생각하는 자'라는 뜻이에요. 우리가 글의 앞부분과 뒷부분에 쓰는 '프롤로그'와 '에필로그'도 이 형제의 이름에서 유래되었어요.
> 　앞을 내다보는 능력이 있는 프로메테우스는 인간이 다른 동물에 비해 지극히 연약한 육체를 가진 존재라는 데 연민을 느껴요. 결국 인간에게 불을 훔쳐다 주고, 인류가 문명을 일으키게 도와줘요.

판도라의 상자

　제우스는 인간에게 불을 준 프로메테우스를 벌하는 것만으로 성이 차지 않았다.
　"인간들이 불을 쓰기 시작하면 동물들을 물리치고, 사는 곳을 늘려가며 이치가 트여서 신들에게 도전할지도 몰라. 저대로 두면 안 될 텐데⋯⋯."
　며칠 동안 고민을 한 제우스는 인간에게도 벌을 줄 좋은 생각이 떠올랐다.
　어느 날, 제우스는 '판도라'라는 이름의 아름다운 인간 여성을 만들었다. 판도라는 '모든 선물을 받은 자'라는 뜻이다. 미의 여신 아프로디테의 모습을 따서 만든 판도라는 너무도 아름다웠다. 아름다운 여성이 탄생하자 신들은 감탄하며 앞다투어 판도라에게 선물을 안겨 주었다.

판도라가 받은 선물에는 지혜, 친절, 평화, 관대함, 건강 등이 있었다. 아프로디테는 아름다움과 매력을 선물했고, 헤르메스는 기만, 속임수와 같은 교활한 심성을 선물했다. 그리고 제우스는 판도라에게 호기심을 선물했다. 이 모든 선물이 더해지자 판도라의 모습은 눈이 부실 지경이었다.

제우스는 판도라를 지상으로 데려가 에피메테우스에게 선보였다.

"여보게, 에피메테우스! 자네에게 이 여인을 소개하네."

에피메테우스는 판도라를 처음 보자마자 한눈에 반했다. 하지만 동시에 형인 프로메테우스가 해준 말이 생각났다.

"제우스가 헤라도 속여서 아내로 삼는 거 봤지? 제우스를 믿으면 안 돼. 무언가를 준다고 덥석 받지 마. 아무런 이유 없이 선물을 줄 자가 아니야."

앞을 내다보는 능력이 있는 프로메테우스가 제우스에 대해서 이미 경고를 해 준 터였다. 그러나 에피메테우스는 형과 달리 그 이름의 뜻이 '뒤늦게 생각하는 자'였다.

눈앞에 너무도 아름다운 여인이 서 있자 형의 간절한 경고도 소용이 없었다. 에피메테우스는 판도라에게서 눈을 떼지 못하고 물었다.

"이 아름다운 여인은 누구인가요?"

얼떨떨한 표정으로 에피메테우스가 물었다.

"자네의 아내가 될 여성이야! 멋진 동물들을 만들어 준 데 대한 감사의 표시로 내가 특별히 만들었어."

에피메테우스는 제우스의 제안을 도저히 거절할 수가 없었다. 그래서 판도라와 냉큼 결혼하겠노라고 대답했다. 그런 에피메테우스를 보며 제우스는 만족스럽게 미소 지었다.

에피메테우스와 판도라의 결혼식 날, 제우스는 판도라에게 커다란 상자를 하나 선물로 주었다.

"판도라, 결혼 축하 선물이다."

"감사합니다, 제우스 님!"

판도라는 커다란 상자를 보고 탄성을 내뱉었다.

"이 안에는 뭐가 들었나요?"

"음, 이건 아주 특별한 선물이란다. 그러니 절대, 절대 안을 열어 보면 안 돼."

제우스가 회심의 미소를 지으며 덧붙였다. 판도라는 엉겁결에 그 상자를 받아 들었다. 신들의 왕이 주는 선물을 안 받겠다고 할 수도 없는 노릇이었다.

결혼식이 끝난 후 판도라는 에피메테우스와 함께 살았다. 낯설고 불안하면서 동시에 기쁘고 흥분되는 첫 몇 개월이 지나자, 판도라는 점점 삶이 지루해졌다.

그러던 어느 날, 제우스가 준 선물 상자가 떠올랐다.

"아, 대체 저 상자 안에는 뭐가 들었을까? 무슨 선물이기에 절대 열어 보지 말라고 한 걸까?"

제우스가 선물한 호기심이 판도라를 못 견디게 했다. 그렇게 하루하루 궁금증은 커지기 시작했다.

판도라는 몇 번이고 상자 앞까지 갔다가 발길을 돌렸다.

그러던 어느 날, 에피메테우스가 집을 비우고 혼자 남은 판도라는 심심함을 참을 수 없었다. 지루함을 이기기 위해 집안 여기저기를 뱅뱅 돌다 보니 어느새 발길이 또 그 선물 상자로 향했다.

"에라, 모르겠다! 뭐가 들었는지 몰라도 딱 한 번만 열어 봐야겠어. 도저히 궁금해서 못 참겠다고! 결혼 선물인데 설마 열어 본다고 죽기야 할까!"

더는 호기심을 참을 수 없던 판도라는 상자의 뚜껑을 조심스럽게 열었다.

우당탕탕 수욱 수욱!

상자의 뚜껑을 들어 올리자마자 기다렸다는 듯 그 안에서 여러 가지 모양과 색깔을 가진 기운들이 쏟아져 나왔다. 시커멓고 일그러지고 고약한 냄새를 풍기는 기운들이 상자 밖으로 튀어나와서 방안을 맴돌았다. 질투, 미움, 질병, 고통, 굶주림, 가난, 전쟁 그리고 죽음의 기운들이었다.

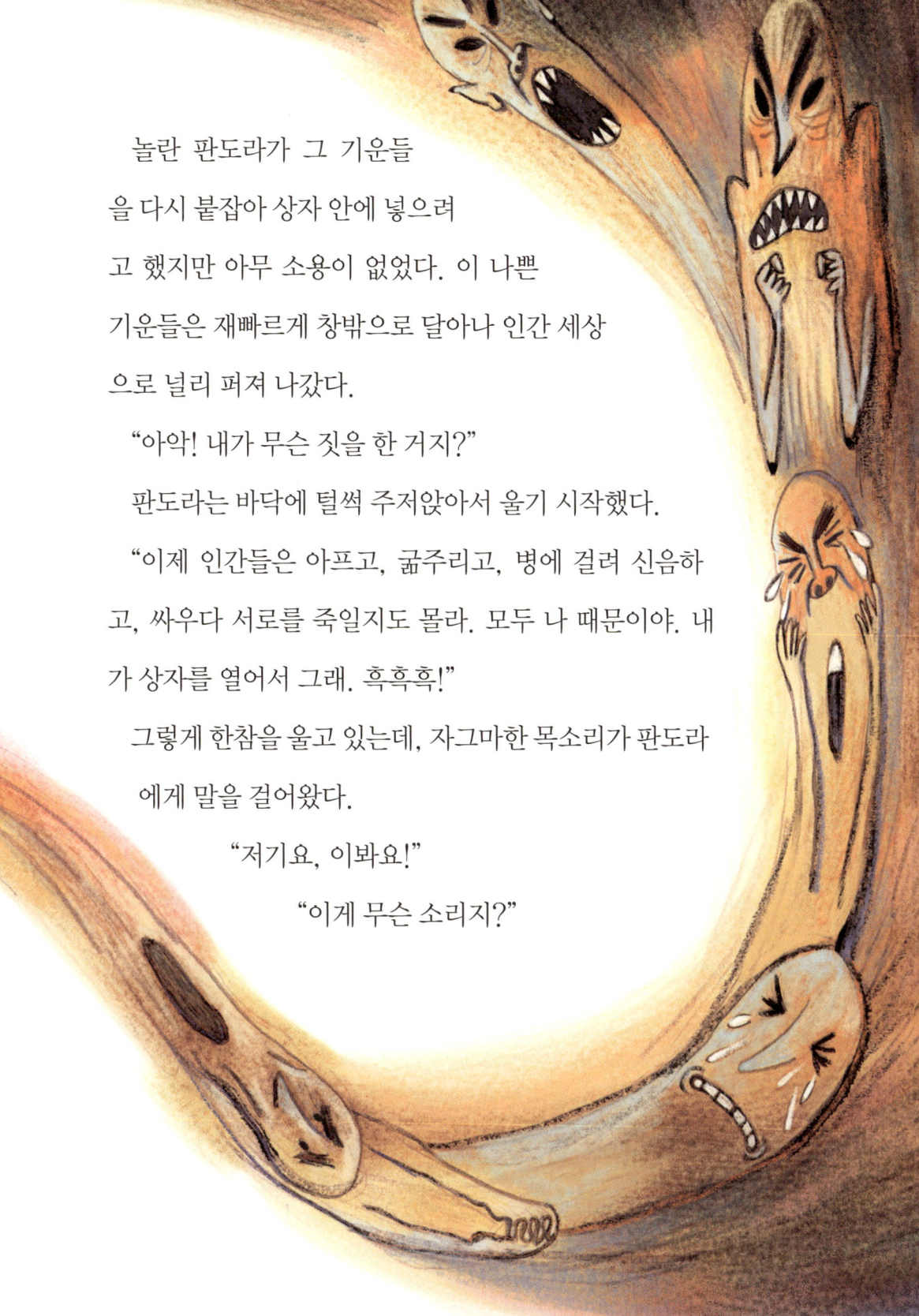

 놀란 판도라가 그 기운들을 다시 붙잡아 상자 안에 넣으려고 했지만 아무 소용이 없었다. 이 나쁜 기운들은 재빠르게 창밖으로 달아나 인간 세상으로 널리 퍼져 나갔다.

 "아악! 내가 무슨 짓을 한 거지?"

 판도라는 바닥에 털썩 주저앉아서 울기 시작했다.

 "이제 인간들은 아프고, 굶주리고, 병에 걸려 신음하고, 싸우다 서로를 죽일지도 몰라. 모두 나 때문이야. 내가 상자를 열어서 그래. 흑흑흑!"

 그렇게 한참을 울고 있는데, 자그마한 목소리가 판도라에게 말을 걸어왔다.

 "저기요, 이봐요!"

 "이게 무슨 소리지?"

한참을 울던 판도라는 놀라서 소리가 나는 상자 안을 들여다보았다. 상자 안에는 작고 매끈하고 고운 기운이 하나 남아 있었다.

"넌 누구니?"

판도라가 눈물을 훔치며 물었다.

"난 희망이에요. 날 붙잡으세요. 인간들이 아프고 힘들고 괴로워도 나는 인간을 떠나지 않을 거예요. 자, 내 손을 잡아요."

판도라는 손을 내밀어 작은 희망을 잡아 품에 안았다.

"너라도 남아서 다행이야. 네가 있으면 인간은 힘든 삶을 버틸 수 있을 거야."

판도라는 눈물을 닦으며 속삭였다.

"절대 하지 말라고 하면 궁금해서 못 견딜 줄 알았지! 인간은 원래 궁금한 걸 못 견디거든. 하하하!"

제우스는 판도라가 결국 상자를 열어서 온갖 나쁜 기운들이 인간 세상으로 퍼져나가는 걸 지켜보며 껄껄 웃었다.

"이렇게 해야만 인간은 계속 신을 찾을 거야. 배고파요, 아파요, 힘들어요, 이기게 해 주세요, 이러면서 신들에게 매달리겠지. 인간들이 감히 불을 마음대로 쓴다고 제멋대로 굴어봤자 결국에는 신 앞에 무릎을 꿇고 매달려야 하는 운명이야."

제우스는 높은 올림포스 정상에 앉아 지상을 굽어보며 깊은 생각에 빠졌다. 그 어깨에는 독수리가 앉아 있었고, 그 뒤에서는 번개가 찬란하게 번쩍이고 있었다.

> ☑ **깊이 생각해보기**
>
> **때로는 도움이, 때로는 해가 되는 호기심**
> 호기심은 인간을 발전시키는 힘이에요. 과학과 의학이 발전하는 것도 그 바탕에 호기심이 있기 때문이지요. 하지만 호기심에는 일을 그르칠 수도 있는 힘이 있어요. 이상하게도 무언가를 하지 말라고 하면 더 하고 싶어지는 게 사람의 마음이에요. 하지만 잘못된 호기심으로 인해 안 좋은 상황에 처해도 남아 있는 희망 덕분에 우리는 다시 힘을 낼 수 있답니다.

대홍수

인간은 불을 얻은 후 정말로 기세등등해졌다. 게다가 탐욕이 넘쳐서 서로 싸우고 죽였으며, 속이고 거짓말을 하고 신들을 섬기는 것을 잊었다.

"저 보라! 이게 동물들보다 낫지 않은 존재들에게 불을 준 결과이다. 저 꼴사나운 인간들을 지상에서 싹 쓸어버려야겠다!"

제우스가 이렇게 선언하자 감히 반대를 하고 나서는 신은 없었다.

인간인 데우칼리온은 제우스에게 자비를 베풀어 달라고 간청했다. 프로메테우스의 아들인 데우칼리온은 인간 중에서 가장 낫다고 인정을 받던 터였다. 그의 간절한 부탁도 아무런 소용이 없었다. 제우스는 비와 번개를 지상에 아홉 날 아홉 밤 동안 쏟아부었다. 데우칼리온은 아버지의 예언에 따라 이미 방주를 지어 놓았던 터라, 아내 피라와 함께 홍수를 피해 방주에 들어가서 목숨을 구할 수 있었다. 아주 높은 산꼭대기로 피신한 몇 안 되는 인간들과 데우칼리온 그리고 피라만이 대홍수에서 목숨을 건졌다.

비가 멎자 데우칼리온과 피라는 파르나수스 산꼭대기에 배를 대고 걸어 나왔다.

"이제 어떡하나요? 땅에 남아있는 게 하나도 없어요!"

피라가 지상을 내려다보며 울음을 터뜨렸다. 나무와 풀부터 시작해 동물, 인간, 인간들이 지은 집까지 자취도 없이 사라져 버렸다. 데우칼리온과 피라는 산 정상에서 신들의 왕 제우스에게 정성을 다해 기도했다.

"제우스 신이시여, 노여움을 거두시고 지상에 새로운 인간들과 생명을 허락해 주십시오."

이들은 울며 밤낮을 기도했지만, 제우스는 아무런 응답이 없었다. 그러자 둘은 다른 신들에게도 제물을 바치며 기도를 했다. 법과 정의의 여신인 테미스 여신에게 제물을 바치고 기도를 올렸을 때, 테미스 여신이 그 기도를 받아 주었다. 테미스는 우

라노스와 가이아 사이에서 태어난 열두 명의 타이탄 중 한 명이고, 제우스의 고모이자, 헤라 이전에 제우스의 아내이기도 했다. 테미스는 제우스를 설득했다.

"대홍수를 겪은 인간들은 이제 다시 신들을 잊지 않을 겁니다. 그리고 지상에 신들을 섬길 존재가 없다면, 지상은 또 무슨 소용이 있겠습니까?"

테미스가 간절하게 설득하자 제우스의 마음도 움직였다. 그렇게 제우스의 허락을 받은 테미스는 두 사람에게 응답했다.

"새롭게 인간들을 만들고 싶다면, 너희 눈을 가리고 네 어머니의 뼈들을 뒤로 던져라!"

여신의 응답을 받고 기뻐한 것도 잠시, 데우칼리온과 피라는 '어머니의 뼈'라는 말에 고개를 갸웃거렸다.

"우리 어머니들은 이미 돌아가셨고, 대홍수에 무덤도 남아 있지 않은데, 어머니의 뼈를 어떻게 구하지요?"

둘은 머리를 맞대고 한참을

생각했다.

그러다가 대홍수가 지나가 폐허가 된 풍경을 보며 피라가 다시 한번 한숨을 쉬었다.

"남은 건 땅 밖에 없네요."

이 말에 데우칼리온은 번뜩 생각이 떠올랐다.

"피라, 땅이 바로 우리의 어머니잖아!"

"정말 그렇네요. 우리는 모두 흙으로 만들어졌지요. 그리고 모든 생명은 땅에서 자라나고요."

"그렇다면 땅에서 뼈라는 건, 옳거니! 돌이겠군!"

데우칼리온과 피라는 얼른 자리를 털고 일어나 큰 돌들을 주워 모았다. 그리고 눈을 가리고 산 아래로 걸어 내려가면서 돌을 하나씩 등 뒤로 던졌다.

쿵! 스르르 저벅저벅!

쿵! 스르르 저벅저벅!

돌 하나가 땅에 떨어질 때마다 인간으로 변해서 데우칼리온과 피라 뒤를 따라왔다. 데우칼리온과 피라는 그렇게 돌을 하나씩 던지며 산 아래로 내려갔고, 드디어 눈가리개를 풀고 뒤를 돌아보았다. 데우칼리온이 던진 돌은 죄다 남자로 변했고,

피라가 던진 돌은 전부 여자로 변해서 이 둘을 따라 걸어 내려오고 있었다.

다시 세상을 함께 만들어갈 인간들이 생긴 걸 보고, 데우칼리온과 피라는 정말 기뻤다. 그들이 새로 태어난 인간들을 웃으며 안아주자, 인간들은 금세 왁자지껄 떠들고 기뻐하며 따라 웃었다. 빈 땅에 이들의 웃음소리가 퍼져 나갔다.

깊이 생각해보기

세계 곳곳에서 전해 오는 대홍수 설화

대홍수 설화는 여러 문명에서 찾아볼 수 있어요. 기독교 성경에도 노아의 방주와 대홍수 이야기가 나오고, 고대 메소포타미아에서 전해 오는 〈길가메시 서사시〉에도 대홍수 이야기가 나와요. 힌두교에도 관련 설화가 있고, 아메리카 대륙의 원주민 설화, 심지어 한국의 옛이야기인 〈목 도령 이야기〉에서도 대홍수를 다루었답니다.

3장

신들의 사랑 이야기

월계수가 된 다프네

아폴론은 신들의 왕 제우스와 레토 여신 사이에서 태어났다. 그는 네 마리 말이 끄는 불의 전차를 몰고 하늘을 가로지르는 태양의 신이었다.

"음악이면 음악, 시면 시, 활쏘기면 활쏘기, 의술에도 능통하고, 예언 능력도 있고, 얼굴도 잘생겼고, 대체 아폴론은 못 하는 게 뭘까!"

사람들은 아폴론을 보며 감탄했다. 그는 눈이 부셔 감히 쳐다보지도 못할 정도로 멋진 신이었다. 하지만 아폴론은 항상 어머니를 생각하면 마음이 아팠다. 아버지 제우스는 신들의 왕이었지만, 어머니는 왕비가 아니었다. 아폴론의 어머니인 레토는 아폴론과 달의 여신 아르테미스를 임신했을 때 제우스의 부인 헤라에게 쫓기는 신세였다. 헤라는 화가 나서 거대한 뱀 피톤을 풀어 레토를 쫓으라고 명령했다. 피톤은 아이를 낳으려는 레토를 삼켜 버리려고 했지만, 레토는 용케 도망 다녔다. 그렇게 아이를 낳지 못하고 한참을 쫓기다가 간신히 쌍둥이 남매를 낳았다. 그 쌍둥이 남매는 각각 태양의 신과 달의 신이 되어 남들이 부러워하는 멋진 신으로 성장했다. 하지만 아폴론은 고생한 어머니를 생각하면 피톤을 도저히 용서할 수가 없었다.

"내가 반드시 그 뱀을 잡아 죽이고 말겠다!"

아폴론은 그렇게 복수를 다짐하며 파르나수스산까지 쫓아 올라가 피톤과 싸웠다. 피톤은 불과 독을 내뿜으며 격렬하게 저항했지만, 결국 아폴론이 쏜 은 화살을 맞고 죽었다.

아폴론은 그동안 피톤이 차지하고 있던 땅인 델포이를 차지할 수 있었다. 사악한 피톤의 그늘에 있던 음침한 땅은 아폴론이 다스리고부터 빛과 기쁨으로 넘쳐 흘렀다. 모두 아폴론을 찬미하는 노래를 부르며 그를 칭송했다.

하지만 피톤과 싸움에서 승리한 후, 아폴론은 점점 거만해졌다. 한번은 사랑의 신 아프로디테의 아들 에로스가 작은 활을 들고 다니는 것을 보고는 비웃고 말았다.

"하하하, 그것도 활이라고! 나는 훨씬 더 크고 강한 화살로 피톤을 죽였지."

에로스는 이러한 모욕을 참을 수가 없었다.

"뭐? 감히 내 활을 무시해? 사랑의 힘을 우습게 본다면 큰코다칠 거야!"

에로스는 화살 두 개를 꺼내 활시위에 메겼다. 하나는 화살촉이 금이었고, 다른 하나는 화살촉이 납이었다. 그는 금 화살을 아폴론에게 쏘고, 납 화살은 강의 신의 딸인 님프 다프네에게 쏘았다. 그 후 금 화살을 맞은 아폴론은 다프네를 사랑하게 되었지만, 납 화살을 맞은 다프네는 아폴론이 끔찍하게 싫어서 견딜 수가 없었다. 아폴론은 다프네가 올림포스의 뭇 신들과 인간들이 모두 우러러보는 자신을 싫다고 거절하는 것을 받아들일 수 없었다. 그래서 밤낮으로 다프네를 쫓아다니기 시작했다.

"다프네! 모든 태양의 빛을 다 합하여도 당신만큼 아름답지 않소. 다프네, 나의 다프네!"

다프네는 에로스의 화살에 맞기 전에도 절대 결혼하지 않고 혼자 살겠다고 결심한 강의 요정이었다.

"난 아무하고도 결혼하지 않아요! 태양의 신이라도 싫어요!"

다프네는 기를 쓰고 도망갔지만, 하늘에서 불의 전차를 끌고 내려다보는 아폴론에게서 도망치기란 쉬운 일이 아니었다. 다프네는 죽을힘을 다해 도망쳤지만, 아폴론이 얼마나 가까이 쫓아왔는지 팔을 내밀면 곧 그의 손에 잡힐 것만 같았다. 다급해진 다프네는 아버지인 강의 신 페네오스에게 소리를 질렀다.

"아버지, 아버지! 절 구해 주세요!"

페네오스는 너무도 다급한 딸의 외침을 듣고 그만 딸을 나무로 바꾸어 버렸다.

아폴론이 드디어 다프네의 허리를 잡은 순간, 다프네의 다리가 뿌리로 변하며 팔이 가지로 변하고 머리카락들은 잎사귀로 변했다. 결국, 다프네는 한 그루의 나무가 되어 버렸다. 아폴론은 나무가 된 다프네를 보고 아쉬움의 탄식을 내뱉었다.

"영원히 당신을 사랑할 거요. 당신을 영원히 푸른 나무로 만들어 당신을 기억하겠소!"

그렇게 월계수 잎은 언제나 푸른 상록수가 되었다. 아폴론은 그 잎으로 자신의 옷을 늘 장식했고, 자신을 기리기 위해 4년마다 한 번씩 델포이에서 열리는 체육 경기인 피티아 경기에서 우승자들에게 월계수 잎을 엮은 관을 씌워 주었다.

아폴론은 사랑의 힘이 얼마나 큰지, 거대한 뱀을 물리친 태양의 신도 속수무책으로 당할 수밖에 없다는 것을 뼈저리게 느꼈다. 그 후로 다시는 에로스를 업신여기는 말을 하지 못했다.

"하하, 어디 또다시 사랑의 힘을 깔보기만 해 봐라!"

작은 화살을 손에 든 장난꾸러기 에로스가 월계수 잎을 옷에 달고 지나가는 아폴론을 바라보며 중얼거렸다. 에로스의 화살집 속의 화살촉이 반짝반짝 빛나고 있었다.

> ☑ **깊이 생각해보기**
>
> **장난꾸러기 소년, 에로스**
> 에로스는 보통 활을 들고 화살집을 멘 날개 달린 작은 장난꾸러기 소년의 모습으로 그려져요. 물론, '에로스와 프시케'의 이야기에서처럼 다 자란 청년의 모습으로 등장하기도 하지요. 에로스가 이렇게 작은 악동의 모습을 하게 된 것은 사랑에 빠지면 자신도 어찌할 수 없이 누군가에게 끌리는 마음을 장난꾸러기 신의 장난으로 생각했기 때문일 거예요.

하데스의 사랑

저승의 왕 하데스는 지하 세계에서 가만히 숨은 듯 머물러 있는 신이다.

하늘과 지상을 다스리는 제우스와 바다를 다스리는 포세이돈과 달리 하데스는 지상에 나올 일도, 지상을 엿볼 일도 별로 없었다. 하데스는 죽은 자들만 술렁이는 저승을 혼자서 오래 다스리다 보니 외롭다는 생각이 들었다.

'지하 세계에서 조용히 사는 것도 좋지만, 요즘은 유난히 허전하구나!'

어느 날, 하데스는 지상에 잠시 다녀올 일이 있었다. 간만에 지상에 나와 아름다운 풍경을 보니 금세 기분이 좋아졌다. 그때 한 아름다운 소녀가 하데스의 눈에 띄었다.

"저 여인은 누구지? 어찌 저리도 아름다운가!"

하데스는 생명이 넘치는 아름다운 소녀를 마주하고는, 사랑에 빠지지 않을 수가 없었다. 그 소녀는 대지를 보살피고 대지에서 자라는 모든 생명을 키우는 대지의 여신 데메테르의 딸 페르세포네였다. 더구나 페르세포네에 대한 데메테르의 사랑은 유별났다.

페르세포네를 훔쳐보기만 하고 다시 저승으로 돌아간 하데스는 그날부터 매일 그 소녀 생각에 끙끙 앓았다.

'어떻게 하면 그녀를 신부로 맞을 수 있을까?'

하데스가 아무리 생각을 해 보아도 데메테르 여신이 한 번 들어가면 다시 지상으로 나오기 힘든 저승으로 딸을 시집보낼 리가 없었다. 참다못한 하데스는 제우스를 찾아가 도움을 청했다.

"제우스! 내가 어떻게 하면 페르세포네를 아내로 맞을 수 있겠소?"

제우스는 부인이 있어도 다른 여자들을 만나고 다니는 바람둥이였다. 제우스는 한 여자만 사랑하는 하데스의 진심을 이해하기 힘들었다. 그래서 제우스가 생각해 낸 좋은 방법이란 것이 마음에 드는 여자를 납치하는 거였다.

"하데스, 이렇게 하면 그 소녀를 얻을 수 있을 거요."
제우스는 좋은 생각이 있다며 하데스에게 귀띔해 주었고, 하데스는 옳다구나 하며 제우스와 함께 페르세포네를 납치할 계획을 세웠다.

어느 날 데메테르는 곡물들이 잘 자라고 있는지 둘러보기 위해 들판으로 가야 했다. 그래서 물의 정령들에게 페르세포네를 잘 돌보아 달라고 맡기고는 먼 들판으로 향했다.

페르세포네는 바닷가 언덕에서 물의 정령들과 춤추고 노래하며 놀고 있었다. 그때 저 멀리 계곡에서 아름다운 꽃 한 송이가 언뜻 보였다.

"저게 뭔지 궁금한데, 나랑 같이 계곡에 갈래?"

페르세포네가 정령들을 졸랐다. 하지만 정령들은 물가에서 멀어지면 형상을 잃고 사라져 버리는 존재들이었다.

"우리는 그렇게 멀리까지 갈 수 없어요. 여기서 우리와 놀아요, 페르세포네 님."

하지만 페르세포네는 고집을 부렸다.

"그렇다면 나 혼자서라도 갈 거야!"

페르세포네는 말리는 정령들을 뿌리치고 길을 따라 조심조심 계곡으로 내려갔다. 계곡 바닥에는 아름다운 노란 수선화가 피어 있었다. 손을 내밀어 그 꽃을 꺾자마자 꽃이 있던 자리에 커다란 구멍이 생기기 시작했다. 그 구멍이 점점 커지더니 계곡 바닥의 땅이 쩍 갈라졌다. 그리고 땅속 깊은 어둠 속에서부터 우레와 같은 말발굽 소리가 들리기 시작했다.

깜짝 놀란 페르세포네는 달아나려고 했다. 하지만 말들이 이끄는 전차에 타고 있던 하데스가 잽싸게 페르세포네를 낚아채

전차에 태우고는 깊은 땅속 저승으로 돌아가 버렸다.

갈라졌던 땅은 언제 그랬냐는 듯 말짱하게 다시 붙었고, 페르세포네가 꺾은 노란 수선화 한 송이만 계곡 바닥에 떨어져 있었다.

볼일을 마친 후 돌아온 데메테르는 곧바로 딸을 찾았지만, 딸은 어디에도 없었다.

"페르세포네는 어디 있느냐?"

데메테르가 화를 내며 소리쳤다. 물의 정령들은 벌벌 떨며 대답했다.

"저 계곡에 꽃을 꺾는다고 가서는 다시 돌아오지 않았어요. 우리는 물가를 떠나면 몸이 사라져서 따라갈 수가 없습니다!"

"너희가 몸을 사리느라 내 딸이 어디로 갔는지도 모른다니!"

데메테르는 분노해서 물의 정령들을 흉측한 모습으로 바꾸었다. 이들의 몸은 점점 커지며 깃털이 자라났고, 발은 구부러지며 날카로운 발톱이 생겼다. 이들은 훗날 얼굴은 여자이지만 몸은 물새인 '세이렌'이 되어, 아름다운 목소리로 선원들을 홀려서 배를 난파시키는 괴물로 유명해진다.

데메테르는 딸을 찾아서 온 땅을 미친 듯이 헤매고 다녔다.

산과 들, 계곡과 숲을 이 잡듯이 뒤졌으나 딸의 모습은 보이지 않았다.

"페르세포네, 사랑하는 내 딸아! 어디에 있니?"

데메테르는 먹지도 자지도 않고 산발을 한 채 온 세계를 떠돌았다. 대지를 돌보고 생명을 키우는 자기 일도 잊은 지 오래였다. 대지의 여신이 그렇게 손을 놓아 버리자, 대지의 곡물은 물론 어떤 식물도 새로 싹을 틔우지 못했다.

온 세계가 딸을 잃은 대지의 여신처럼 황폐해졌고, 전에 없던 기근이 지상을 덮쳤다. 굶주림에 지친 사람들은 올림포스의 신들에게 기도했다.

"제우스 신이시여, 아니 어떤 신이시든지 신이시여, 부디 먹을 것을 주세요."

굶어 죽어가는 사람들의 목소리가 올림포스 산꼭대기까지 올라오자 제우스도 손을 놓고 보고만 있을 수는 없었다.

"하데스, 아무래도 안 되겠어. 페르세포네를 데메테르에게 돌려주지 않으면 지상에 풀 한 포기 나지 않게 될 것 같아."

사태의 심각성을 깨달은 하데스는 그제야 데메테르에게 자신이 페르세포네를 데려가 아내로 삼았다고 알려 주었다.

"따님은 저와 함께 있습니다. 지상으로 돌려보내겠습니다."

말은 그렇게 했으나, 페르세포네를 너무도 사랑하는 하데스는 순순히 그녀를 돌려보낼 수 없었다. 그래서 지상으로 돌아가려고 채비를 하는 페르세포네에게 석류 씨앗 네 개를 내밀었다.

"갈 길이 머니 이걸 먹고 가시오."

페르세포네는 아무런 의심 없이 석류 씨를 받아들고는 그중 하나를 삼켰다. 하데스가 더 먹으라고 권했으나, 어머니를 한시라도 빨리 보고 싶은 페르세포네는 지상으로 돌아가서 먹겠다며 품에 석류 씨를 넣었다.

드디어 딸을 찾은 데메테르는 페르세포네를 안고 한바탕 기쁨의 눈물을 쏟았다. 마음이 진정되고 한숨 돌리자 데메테르가 생각난 듯 물었다.

"애야, 혹시 저승에서 뭐든 먹은 건 없겠지?"

그러자 페르세포네는 사색이 되었다.

"석류 씨 하나를 먹었어요."

"뭐라고? 이 괘씸한 하데스 녀석! 저승에서 음식을 먹으면 저승으로 다시 돌아가야 한단다! 하데스는 끝까지 너를 안 놓아주는구나!"

하지만 하데스는 오히려 아쉬웠다. 네 개의 석류 씨 중 하나만 먹는 바람에 페르세포네는 사계절 중 한 계절만 저승으로 돌아올 수 있었기 때문이다.

이렇게 해서 페르세포네는 일 년 중 한 계절 동안만 저승으로 돌아가게 되었다. 그리고 이 계절이 되면 상심한 데메테르는 대지에 식물이 자라는 것을 허락하지 않았다. 그렇게 이 땅에 겨울이 생겨났다.

> ☑ 깊이 생각해보기
>
> **겨울을 표현하는 고대 그리스인들의 믿음**
> 데메테르는 대표적인 어머니 여신이에요. 그리스에서는 땅에서 자라는 모든 것을 다스리는 신이기도 해요. 그래서 그리스인은 곡식과 나무와 꽃은 데메테르 여신의 힘으로 자란다고 믿었어요.
> 그런 고대 그리스인에게 페르세포네가 저승으로 납치된 일 년 중 몇 달은 식물이 겨울 동안 땅 밑에서 추위를 피하다가 봄이 되면 다시 피어나는 현상을 설명하기에 아주 좋은 방식이었을 거예요.

에로스와 프시케

그리스 어느 나라의 셋째 공주였던 프시케는 무척 예뻤다. 위의 두 언니도 아름다웠지만, 프시케는 인간과 견줄 수 있는 아름다움이 아니었다. 미의 여신 아프로디테를 섬기던 이들이 아프로디테 신전이 아닌, 프시케를 보러 가며 우러러볼 지경이었다.

"아프로디테 여신이 인간으로 태어났나 봐. 아니, 아프로디테 여신보다도 아름다운 것 같아!"

인간들이 이렇게 수군거리는 소리는 아프로디테의 귀에까지 들어갔고, 당연히 아프로디테 여신은 노발대발했다.

"인간들이 내 신전에 와서 나를 경배하지 않고 프시케를 보러 가고 있잖아!"

미의 여신으로서 견딜 수 없는 치욕이었다. 그래서 아들인 사랑의 신 에로스를 불렀다. 에로스에게는 신들조차 두려워하는 화살이 있었다. 금 촉이 달린 화살과 납 촉이 달린 화살만 있으면 누구와도 사랑에 빠지게 만들 수도, 끔찍하게 싫어하게 만들 수도 있었다.

"얘야, 지상에 내려가서 프시케라는 여자가 세상에서 가장 끔찍한 괴물과 사랑에 빠지게 만들럼!"

어머니의 명령을 받은 에로스는 밤에 몰래 프시케가 자고 있는 침실로 날아 들어갔다. 에로스는 금 촉이 달린 화살을 들고 프시케에게 살금살금 다가갔다. 그 순간, 에로스는 이루 말할 수 없이 아름다운 프시케를 보고는 깜짝 놀랐다. 그래서 그만 들고 있던 화살에 자신이 찔리고 말았다.

어처구니없는 실수를 저지른 에로스는 당황해서 그 길로 돌아 나와 버렸다. 자기 화살에 찔린 에로스는 프시케를 열렬히 사랑하게 되었다. 그는 어떡해서든 프시케를 아내로 맞이하고 싶었다. 그래서 아폴론에게 가서 부탁했다.

에로스의 화살에 찔려 고생해 본 적이 있는 아폴론은 다시는 그 화살로 자신을 찌르지 않겠다는 약속을 받고서야 에로스를 도와주겠다고 했다.

프시케의 부모님은 두 딸은 이미 다른 나라의 왕들과 결혼을 했는데, 프시케에게는 아직 구혼자가 나타나지 않자 애가 탔다. 그래서 아폴론 신의 신전에 가서 신탁을 받았다. 그런데 그 신탁의 내용이 끔찍했다.

"이 여자의 신랑감은 인간이 아니다. 뱀처럼 무섭고 강하며, 그 날개로 별이 빛나는 하늘을 날며, 그 날갯짓으로 어떤 이도 굴복시키는 존재이다."

이는 물론 에로스를 가리키는 말이었고, 에로스를 도우려고 아폴론이 내린 신탁이었다. 아폴론은 또한 높은 산 정상 위에 프시케만 데려다 놓으라고 지시했다. 프시케의 부모님은 울면서 딸을 산 정상에 놓고 갈 수밖에 없었다.

결국, 프시케는 울면서 혼자 산 정상에 서 있었다. 시간이 얼마나 지났을까. 부드러운 미풍이 불어와 프시케를 사뿐히 들어 올렸다. 서풍의 신 제피로스가 에로스의 부탁을 받고 프시케를 바람에 실어 멀리 떨어진 어느 계곡의 아름다운 궁전 앞에 내려 놓았다.

궁전에는 보이지 않는 하인들이 있어 프시케의 시중을 들어 주었다. 밤이 되자 촛불조차 꺼진 깜깜한 침실로 모습을 알아볼 수 없는 신랑이 찾아왔다.

끔찍한 괴물이라는 신랑은 프시케에게 너무도 다정했다. 프시케는 낮에 가족도 친구도 없이 홀로 지내서 외로운 것만 빼고는 괴물의 아내로 사는 것이 나쁘지 않았다. 하지만 시간이 지날수록 집과 부모님이 사무치게 그리웠다.

"부모님이 보고 싶어요. 단 한 번만 부모님을 보고 오게 해 주세요."

프시케가 울면서 사정을 하자 에로스는 마음이 약해졌다. 결국, 가족들을 만나고 오라고 프시케를 서풍의 신에게 부탁해 집으로 보내 주었다. 프시케가 잘살고 있다는 소식에 부모님들은 기뻐했지만, 신랑의 얼굴도 모른다는 프시케의 말에 언니들은 밤에 몰래 촛불을 밝혀서 얼굴을 확인하라고 부추겼다.

가족들을 만나고 다시 에로스에게 돌아온 프시케는 잠자리에 들자 언니들의 말이 생각났다. 그리고 남편이 잠들자 조용히 촛불을 켰다. 일렁이는 촛불을 들이대자 그 아래 조각같이 잘생긴 남편의 얼굴이 드러났다. 그뿐인가! 날개가 달린 모습은 바로 사랑의 신 에로스였다.

남편의 정체를 안 프시케는 서둘러 촛불을 끄려고 했다. 하지

만 뜨거운 촛농 한 방울이 그만 에로스의 몸에 떨어지고 말았다.

"앗, 뜨거워!"

"어머나……, 정말 죄송해요!"

"이게 무슨 짓이오? 왜 나를 믿지 못한 거요?"

잠에서 깬 에로스는 얼굴을 보여 주지 않는다고 자신을 믿지 못한 프시케에게 크게 실망해서 그 자리를 떠나 어머니의 궁전으로 날아가 버렸다.

혼자 남겨진 프시케는 남편을 다시 찾기 위해 여기저기 다니며 여러 신에게 도움을 구했다. 하지만 에로스와 아프로디테의 눈치를 보느라 다른 신들은 도와주려고 하지 않았다. 결국, 프시케는 아프로디테의 신전으로 가서 무릎을 꿇고 빌었다.

"아프로디테 여신이여, 부디 제 남편을 돌려주세요! 무슨 일이라도 할 테니 제발 남편을 돌려주세요!"

아프로디테는 에로스가 몰래 프시케를 아내로 맞은 것도 화가 났지만, 아들이 프시케 때문에 마음을 다치고 돌아오자 더 화가 났다. 그래서 도저히 인간이 하기에 힘든 임무를 프시케에게 주었다.

첫 번째 임무는 온갖 곡물 씨앗이 뒤섞인 커다

란 더미에서 씨앗들을 종류별로 골라 정리하는 일이었다. 프시케가 곡물 씨앗 더미 앞에서 눈물을 흘리며 씨앗들을 고르자, 개미 떼가 나타나 정리를 도와주었다.

두 번째 임무는 사람들을 죽이는 거친 황금 양 떼들이 있는 산에 가서 황금 양털을 한 무더기 얻어오는 일이었다. 프시케가 거친 황금 양들을 보며 무서워 벌벌 떨고 있자, 황금 갈대가 속삭이며 말했다.

"아가씨, 아가씨, 울지 말고 황금 양들이 오후에 낮잠을 잘 때까지 기다렸다가 근처 덤불에 걸린 황금 양털을 모으세요!"

세 번째 임무는 저승으로 가는 강인 스틱스강에 가서 그 강물을 병에 담아오는 일이었다. 이 스틱스강가에는 절대 잠들지 않는 무시무시한 용이 살고 있어서 살아 있는 사람은 근처에 얼씬도 할 수가 없었다.

역시나 멀리서 발을 동동 구르고 있을 때, 에로스에게 진 빚이 있는 제우스 신이 독수리 한 마리를 보내 주었다. 독수리가 프시케의 병을 낚아채어 스틱스강물을 담아서 다시 프시케에게 가져다주었다.

"괘씸하군! 못 해내거나 살아 돌아오지 못할 거로 생각하고 시킨 일들을 다 해내다니! 어디, 그렇다면 이번 일도 해내는지 보자!"

아프로디테가 알 수 없는 미소를 지으며 마지막 임무를 프시케에게 시켰다. 저승에 있는 페르세포네에게 가서 아름다워지는 묘약을 받아 오라는 일이었다.

우여곡절 끝에 스틱스강을 건너고 저승 문을 지키는 개 케르베로스를 거쳐 페르세포네에게 간 프시케는 아름다워지는 묘약을 받아서 지상으로 돌아왔다. 그런데 아름다워지는 묘약이라고 하자 프시케는 그동안 여러 가지 임무를 하느라 거칠어진 자신의 모습이 생각났다. 프시케는 에로스를 다시 만나면 예쁘게 보이고 싶었다. 그래서 여신들이 쓰는 묘약을 조금만 써 보고 싶은 마음에 그만 묘약이 든 상자를 열었다.

그러나 상자에 들어있던 것은 아름다워지는 묘약이 아니라 치명적인 잠이었다. 아프로디테가 이 점을 노려서 페르세포네에게 손을 써두었던 것이다.

상자를 연 프시케는 털썩 쓰러져서 잠이 들었고 다시 일어나지 못했다.

그때까지 어머니의 궁전에 머무르던 에로스는 프시케가 없는 시간을 더 이상 참을 수가 없었다. 그래서 프시케를 다시 찾아 나섰다. 한참을 찾아 헤맨 끝에 에로스는 바람의 신들에게 도움을 받아 깨어날 수 없는 잠에 빠진 프시케를 찾아냈다. 에로스는 잠을 쫓아내 다시 상자에 담은 후 프시케를 깨웠다.

"내가 미안했소. 언제까지 얼굴도 모른 채 사랑할 수 없는 일인데 말이오."

에로스가 사랑하는 프시케는 신이 아닌 인간이기 때문에 언젠가는 늙어 죽을 수밖에 없는 몸이었다. 언젠가는 프시케를 저승으로 떠나보내야 한다는 게 안타까웠던 에로스는 프시케를 안고 올림포스로 날아가 제우스 앞에 섰다.

이전까지 에로스는 사랑을 두고 여러 사람과 신들 사이에서 장난을 치며 즐거워했다. 그런 그가 사랑에 빠진 채 간청을 하자 제우스는 마지못해 에로스의 부탁을 들어주었다.

제우스는 프시케에게 신들의 음료인 암브로시아를 마시게 해 늙지 않고 죽지 않는 불멸의 존재가 되게 해 주었다. 그렇게 프시케가 인간이 아닌, 불멸의 존재가 되자 아프로디테도 더 이상 에로스와 프시케의 결혼을 반대할 수가 없었다.

그렇게 에로스와 프시케는 서로를 아끼며 행복하게 살았다.

이 둘 사이에서 '헤도네'라는 딸이 태어나는데, 그 딸은 자라서 쾌락의 여신이 되었다.

☑ 깊이 생각해보기

몸과 마음을 다하는 진정한 사랑

그리스어로 에로스는 육체적인 사랑을, 프시케는 영혼을 뜻해요. 사람에게는 육신과 정신이 둘 다 있기에, 육신과 영혼 한 쪽만 사랑해서는 절대 행복할 수 없어요. 이 이야기는 몸과 마음을 다해서 하는 사랑이 진정한 사랑이라고 말하고 있어요.

오르페우스와
에우리디케

"오! 밝게 빛나는 태양이여! 아름다운 대지여!"

오르페우스가 리라를 뜯으며 노래를 하자 순식간에 사방이 조용해졌다. 사람들뿐만 아니라 숲속에서 노래하던 새들조차 지저귀다 멈추고 그의 노래에 귀를 기울였다. 오르페우스가 연주하며 노래하기 시작하면 늘 벌어지는 일이었다. 그도 그럴 것이 오르페우스의 노래와 연주는 인간 중에서 가장 뛰어났다. 오르페우스의 어머니는 아폴론을 모시는 예술의 여신인 아홉 명의 뮤즈들 중 한 명이었다. 게다가 자라면서 다른 여덟 명의 뮤즈들에게서 시와 음악을 배웠다. 오르페우스의 노래와 연주가 신들의 마음조차 흔드는 것은 어쩌면 당연했다.

오르페우스는 빼어난 노래와 연주 실력으로 많은 사람과 신들에게 사랑을 받았다. 하지만 그의 눈에 차는 여인은 단 한 명, 아름다운 에우리디케뿐이었다. 에우리디케 역시 오르페우스를 사랑했고, 이 둘은 주변의 부러움을 받으며 결혼했다.

하지만 이 둘의 결혼식에 온 결혼의 신 히메나이오스는 이어지는 결혼식에 오가느라 바쁜 나머지 오르페우스와 에우리디케를 축복하는 것을 깜빡하고 말았다. 그래서였을까? 결혼한 지 얼마 되지 않은 어느 날, 에우리디케는 숲속을 산책하다가 실수로 독사를 밟았다. 독사에 물린 에우리디케는 그 자리에서 숨을 거두고 말았다.

"언젠가는 죽을 수밖에 없는 인간이라지만, 어찌 그대는 이리도 빨리 가 버렸소!"

사랑하는 에우리디케를 잃은 오르페우스는 온통 슬픔에 가득 차고 말았다. 오르페우스가 에우리디케의 시체를 안고 눈물을 흘리며 애도하는 노래를 부르자, 그 노랫소리를 들은 사람과 동물 그리고 신들조차 슬퍼서 견딜 수가 없었다. 견디다 못한 아폴론이 그에게 내려와 저승으로 가는 길을 가르쳐 주며, 저승의 신 하데스에게 아내를 돌려달라고 청해 보라고 했다.

아폴론의 말에 오르페우스는 그 즉시 저승으로 가는 험한 길을 나섰다.

  죽은 자들만 건널 수 있는 스틱스강에 도착한 오르페우스는 뱃사공인 카론 앞에서 노래했다. 그러자 카론이 눈물을 뚝뚝 흘리며 그를 배에 태워 강 저편으로 실어 주었다. 또, 저승의 문을 지키는 무시무시한 개 케르베로스도 그의 노랫소리에 낑낑거리며 길을 터 주었다. 오르페우스는 결국 하데스와 왕비 페르세포네를 만났다. 그리고 그들 역시 오르페우스의 노래에 그만 마음이 녹아 버렸다. 그의 노래를 들은 하데스는 마음이 아파 눈물을 흘리면서 이렇게 말했다.

"좋아, 에우리디케를 돌려주겠네. 에우리디케의 영혼이 자네를 따라 지상까지 갈 걸세. 다만, 지상에 도착할 때까지 절대 뒤를 돌아보면 안 되네."

"정말 감사합니다, 감사합니다! 하데스 님!"

오르페우스는 인사를 하고 돌아서서 지상까지 돌아가는 어둡

고 험한 길을 따라가기 시작했다. 한참을 앞을 보고 걸어갔지만, 뒤에 따라오는 에우리디케의 영혼은 기척도 없었다.

'에우리디케가 잘 따라오고 있겠지? 지상으로 돌아가면 다시 행복하게 손을 잡고 마주 볼 수 있을 거야!'

그렇게 참고 참으며 지상까지 얼마인지도 모를 시간을 걷고 또 걸었다. 시간이 얼마나 지났을까, 드디어 저 멀리 지상으로 나가는 입구의 환한 빛이 보이기 시작했다. 오르페우스는 너무 기쁜 나머지 자신도 모르게 뒤를 돌아보고 말았다.

"이제 거의 다 왔소……. 앗! 에우리디케, 에우리디케!"

그 순간 뒤에서 조용히 따라오던 에우리디케의 영혼은 슬픈 표정을 지으며 연기처럼 스르륵 사라져 버렸다. 오르페우스는 울면서 다시 저승길을 되짚어갔지만, 이번에는 뱃사공 카론도 배를 태워 주지 않았다.

"엄명이오. 산 사람을 다시는 태워줄 수 없소."

오르페우스는 어쩔 수 없이 혼자서 지상으로 돌아올 수밖에 없었다. 그렇게 지상으로 돌아온 오르페우스는 살아도 산 것이 아니었다. 다른 사람들은 신경도 쓰지 않고, 멍하니 앉아 있다가 생각나면 이따금 구슬픈 노래를 부를 뿐이었다.

오르페우스의 노래와 연주에 반해 그를 따라다니던 여자들은 오르페우스가 자신들을 쳐다도 보지 않자 그를 죽이고 만다.

그렇게 죽은 오르페우스는 저승에서 드디어 에우리디케와 다시 만났다. 천국인 엘리시움에서 이 둘이 함께 다닐 때면 늘 에우리디케가 앞장서서 오르페우스의 손을 잡아끌며 걸었다. 다시는 에우리디케를 잃고 싶지 않았던 오르페우스는 죽어서도 늘 눈앞에 에우리디케를 두었다.

☑ 깊이 생각해보기

저승에 있는 스틱스강의 무서운 힘

스틱스강은 카론이라는 뱃사공이 젓는 배를 타고서만 건널 수 있어요. 죽은 사람만 탈 수 있는 배이지요. 스틱스강은 무서운 힘이 있어서 중요한 맹세를 할 때는 이 강에 대고 맹세를 했었다고 해요.

신들조차 이 강에 대고 한 맹세를 지키지 않으면 깊은 잠에 빠지며, 9년 동안 신들의 회의에 참석할 수 없었어요. 그래서 이 강에 대고 맹세를 하면 반드시 지켰답니다.

4장

영웅들의 모험

메두사를 죽인 페르세우스

"너는 네 손자 손에 죽게 될 것이다!"

아르고스의 왕 아크리시오스는 청천벽력 같은 이 예언을 듣고 경악을 금치 못했다. 그래서 딸인 다나에를 어떤 남자도 만나지 못하도록 땅속 청동 방에 가두었다. 손자가 태어나지 못하게 만들자는 속셈이었다. 하지만 땅속 청동 방도 천하의 바람둥이 제우스의 눈길은 피할 수 없었다.

제우스는 황금 비로 변해 지하로 스며들어 다나에를 유혹했고, 얼마 후 다나에는 아들을 낳았다. 다나에는 아들에게 '페르세우스'라는 이름을 지어 주었다.

"으앙, 으앙, 으앙!"

"깊은 땅속 청동 방에 가두었는데도 아기가 태어나다니!"

딸이 아이를 낳은 것을 알게 된 아크리시오스는 예언이 실현될까 봐 무서웠다. 하지만 땅속에 가두고 철저히 감시했는데도 딸을 만날 수 있다면, 아기의 아버지가 평범한 인간이 아니라 분명히 신이라는 생각이 들었다. 아크리시오스는 행여 신이 분노할까 봐 무서워서 아기를 죽일 수는 없었다. 그 대신 딸과 아기를 나무 궤짝에 넣어 바다에 던져 버렸다.

이 모든 것을 보고 있던 제우스는 포세이돈에게 다나에와 아이가 탄 나무 궤짝을 부탁했다. 포세이돈의 명령으로 바다는 잠잠해졌고, 나무 궤짝은 파도를 타고 흘러가다 세리포스섬에 무사히 도착했다.

그곳에 도착한 다나에와 어린 페르세우스는 왕의 동생인 어부 딕티스에게 구조되어 그의 집에서 함께 살았다. 시간이 흐르고 페르세우스는 준수한 청년으로 자랐다.

세리포스의 왕 폴리덱테스는 아름다운 다나에가 늘 탐이 났다. 하지만 그녀의 옆에는 장성한 아들 페르세우스가 항상 버티고 있었다.

'저 아들만 없다면 다나에를 내 것으로 만들 수 있을 텐데!'

어느 날 폴리덱테스 왕은 성대한 잔치를 열었다. 그리고 손님들에게는 선물로 말을 한 마리씩 가지고 와 달라고 했다. 페르세우스는 선물로 가져갈 말이 없었지만, 잔치에 나오는 산해진미와 술을 맛보고 싶어서 빈손으로 왕의 잔치에 찾아갔다.

"너는 왜 아무것도 가져오지 않았느냐, 페르세우스?"

왕이 손님들 앞에서 빈정거리며 묻자, 잔뜩 취한 페르세우스는 화가 나서 아무 생각 없이 대꾸해 버렸다.

"말은 이미 많이 받으셨으니, 어디 다른 걸 말씀해 보시지요. 그것이 무엇이든 제가 말 대신 가져다드리지요."

"하하! 정말인가? 그렇다면 어디, 메두사의 머리를 내게 가져다주겠나?"

그렇지 않아도 페르세우스가 눈엣가시 같았던 폴리덱테스는 악명 높은 괴물 고르곤 자매 중 하나인 메두사의 목을 가져다 달라고 말했다. 왕의 요구를 들은 페르세우스는 아차 싶었지만, 한번 내뱉은 말을 다시 물릴 수는 없었다.

메두사는 머리카락 한 올 한 올이 모두 뱀으로 되어 있고, 톱니같이 날카로운 이빨과 멧돼지의 엄니, 황금 날개 그리고 긴 뱀의 혀를 가진 여자 괴물이었다. 이 메두사와 눈이 마주치면 그 자리에서 돌로 변하고 말았다. 그래서 수많은 사람이 메두사를

없애겠다고 찾아갔지만, 모두 돌로 변하는 바람에 아무도 돌아오지 못했다. 폴리덱테스 왕은 그래서 페르세우스에게 메두사의 머리를 가져오라고 했던 것이다. 하지만 폴리덱테스가 미처 생각하지 못한 게 있었다.

바로 신들이 페르세우스를 총애했다는 점이다. 페르세우스가 메두사를 잡으러 간다는 소식을 들은 헤르메스는 페르세우스에게 굽은 칼과 날개 달린 신발을 빌려주었고, 아테나 여신은 쓰면 모습이 보이지 않는 모자를 하데스에게 빌려서 가져다주었다.

페르세우스는 메두사가 사는 동굴로 날개 달린 신발을 신고, 모습이 보이지 않는 모자를 쓴 채 몰래 들어갔다. 그런 후 메두사를 직접 보면 돌로 변하므로 청동 방패에 메두사의 모습을 비추어 보며 싸워서 메두사의 목을 잘라 버렸다.

페르세우스는 메두사의 목을 자루에 넣고 폴리덱테스 왕에게 돌아갔다.

"자, 여기 당신이 명한 대로 메두사의 목을 베어 왔소!"

"아니, 어떻게……!"

페르세우스는 자루에서 메두사의 머리를 꺼내 쳐들었고, 메두사의 눈을 마주 본 폴리덱테스 왕은 말을 채 마치지도 못하고 돌이 되어 버렸다. 그렇게 해서 왕의 동생인 어부 딕티스가 세리포스의 왕이 되었고, 페르세우스는 메두사의 목을 벤 영웅으로 그리스 전역에 이름을 떨쳤다.

깊이 생각해보기

아테나 여신의 방패에 달린 메두사

메두사는 무서운 여성의 모습으로 굉장히 유명해요. 원래는 아름다운 여성이었으나 아테나의 신전에서 포세이돈을 만나 사귀면서 신전을 모독한 벌로 머리카락이 모두 뱀으로 변했다고 해요.

페르세우스는 메두사의 목을 자른 후 자루에 넣고 다니며, 적들 앞에서 꺼내 들어 적들을 돌로 만들었어요. 그런 후 아테나 여신에게 메두사의 머리를 바쳤고, 아테나 여신은 이 머리를 자신의 방패에 달고 다녔답니다.

안드로메다를 구한 페르세우스

"내 딸은 너희보다 훨씬 더 아름답단다!"

결국 이 말이 사달이 되었다.

에티오피아의 왕비 카시오페이아는 아름다운 자신의 딸 자랑을 하필이면 바다의 요정들에게해 버렸다. 카시오페이아의 오만한 말에 분노한 바다 요정들은 바다의 신 포세이돈에게 찾아가 인간 왕비에게 모욕을 당했다고 일렀다.

"감히 나의 요정들을 인간 따위가 모욕하다니!"

분노한 포세이돈은 해일을 불러일으키고 바다 괴물인 케토스를 에티오피아로 보냈다. 케토스는 에티오피아 해안과 근처 바다에 나타나 사람들을 마구 잡아먹고, 배를 부수고, 마을을 부수었다. 그러자 에티오피아의 왕인 케페우스는 깊은 고민에 빠져서 제우스에게 빌었다.

"제우스여, 부디 바다 괴물로부터 에티오피아를 지켜 주소서!"

그러나 돌아온 제우스의 응답은 절망적이었다. 왕비 카시오페이아가 바다의 신 포세이돈을 화나게 해서 벌어진 일이니, 이를 달래기 위해서는 아름다운 딸 안드로메다를 바다 괴물에게 제물로 바쳐야 한다고 했다. 카시오페이아는 뒤늦게 땅을 치며 후회했으나 별다른 수가 없었다.

바다 괴물 케토스는 나날이 더욱 미쳐 날뛰고 있었다. 다른 선택을 할 수 없었던 왕과 왕비는 울면서 딸 안드로메다를 바닷가 바위에 묶어 바다 괴물 케토스에게 바쳤다.

"흑흑흑, 이렇게 괴물의 먹이로 사라져야 한다니!"

아무것도 할 수 없는 안드로메다는 밧줄에 묶인 채 하염없이 눈물을 흘렸다. 잠시 후 밀물이 다가오기 시작했고, 케토스가 밀물과 함께 해안으로 올라오고 있었다. 공포에 사로잡힌 안드로메다는 두 눈을 꼭 감았다.

그때였다. 하늘에서 무언가 날아 내려와 케토스의 목을 단번에 베어 버렸다. 잠시 후 안드로메다가 살며시 눈을 떴다. 그러자 눈앞에 웬 잘생긴 젊은이가 날개 달린 신발을 신고 자신을 돌아보고 있었다. 그의 손에는 케토스의 목을 쳐서 피가 뚝뚝 흐르는 검을 든 채였다. 그는 바로 메두사의 목을 벤 후 세리포스로 돌아가던 페르세우스였다.

페르세우스는 하늘을 날아가다가 밧줄에 묶인 아름다운 여인이 바다 괴물에게 잡아먹히려는 걸 보았다.

"아니! 저렇게 아름다운 아가씨가 괴물에게 잡아먹히게 생겼잖아?"

그는 당장 날아 내려와 괴물을 죽이고 안드로메다를 구했다.

페르세우스는 아름다운 안드로메다를 보고 첫눈에 반했다. 그는 안드로메다를 에티오피아 왕과 왕비에게 데려다준 후 그녀를 신부로 맞이하게 해 달라고 청했다.

그러자 안드로메다의 삼촌 피네우스가 분노해서 나섰다.

"안드로메다는 원래 내 신붓감이오!"

하지만 페르세우스가 꺼내든 메두사의 머리를 보고는 곧 돌로 변해 버렸다. 케페우스와 카시오페이아는 안드로메다와 페르세우스의 결혼을 환영했다. 딸이 끔찍한 바다 괴물에게 잡아먹히는 것보다는 잘생긴 젊은 영웅과 결혼하는 것이 훨씬 잘된 일이었다.

페르세우스는 안드로메다와 결혼한 후에 세리포스로 돌아가서 어머니 다나에와 아내 안드로메다를 데리고 어머니의 고향 아르고스로 돌아갔다.

어느 날 페르세우스는 원반던지기 시합에 참여했다. 그런데 실수로 그가 힘껏 날린 원반이 날아가 한 노인에게 정통으로 맞았다. 원반을 맞은 노인은 그 자리에서 숨을 거두었다. 이 노인이 바로 아르고스의 왕 아크리시오스였으며, 페르세우스의 할아버지였다. 아크리시오스가 피하려고 했던 예언은 이렇게 이루어지고야 말았다.

아크리시오스가 죽은 후 아르고스의 왕위는 자연스럽게 손자인 페르세우스의 것이 되었다. 하지만 페르세우스는 아무리 우연이라도 할아버지를 죽인 주제에 왕위를 물려받을 수는 없었다.

결국, 페르세우스는 티린스의 왕 메가펜테스에게 아르고스 왕위를 넘겨주었고, 대신 티린스의 왕위를 페르세우스가 넘겨받았다. 왕이 된 페르세우스는 안드로메다와 함께 아들 일곱과 딸 하나를 낳고 오래도록 행복하게 살았다.

> **깊이 생각해보기**
>
> **괴물에게 잡아먹히는 공주 이야기**
>
> 괴물에게 먹이로 바쳐진 여성을 멋진 영웅이 구하는 이야기는 서구의 옛이야기에서 흔히 볼 수 있어요. 특히, 용에게 잡혀간 공주를 구하는 기사 이야기가 많은데, 이 이야기들은 바로 페르세우스가 안드로메다를 구하는 이야기에서 시작된답니다.
>
> 그런데 이런 이야기들은 보통 남자가 여성을 구해 주는 내용이에요. 하지만 요즘에는 남자와 여성의 이미지가 훨씬 자유로워졌어요. 인기 있는 동화 중에서는 용에게 잡혀간 왕자를 공주가 구해 주기도 하지요.

헤라클레스의
열두 가지 노역

 헤라 여신은 화가 나서 참을 수가 없었다. 남편인 제우스가 또 다른 여자를 만나 아이까지 얻었기 때문이다. 최고 신인 제우스는 못 말리는 바람둥이였다. 올림포스에서뿐만 아니라 인간 세상을 여기저기 돌아다니며 어여쁜 여자만 보면 유혹을 했다. 헤라 여신이 신경을 곤두세우고 감시를 하는데도 제우스의 자식들은 자꾸만 늘어갔다.
 헤라는 이번에 태어난 사내아이도 미워서 견딜 수가 없었다. 그래서 독사 두 마리를 아기가 누워 있는 요람으로 보내어 물려 죽게 만들려고 했다. 하지만 이 아기는 오히려 독사의 목을 잡아 눌러 죽였다. 그 이후에도 헤라는 끊임없이 이 아이를 죽이려고 했으나 번번이 실패했다.

"어디, 자라서 영웅이 되어 보아라. 제우스가 자기 아들이라고 저리도 자랑스러워하는데, 저 아이가 가장 행복한 순간을 내가 꼭 산산조각 내 주마!"

갓난아이일 때 벌써 뱀을 손으로 잡은 그는 바로 헤라클레스였다. 무럭무럭 자란 헤라클레스는 덩치도 산만 하고 힘도 아주 세며, 이글거리는 눈동자를 가진 청년이 되었다.

헤라클레스는 테베의 왕 크레온을 도와 적들을 물리치고 이에 대한 감사의 뜻으로 왕의 딸 메가라와 결혼했다. 테베의 영웅이 된 헤라클레스와 메가라의 결혼 생활은 행복했고, 이 둘 사이에서 여러 아이도 태어났다.

헤라는 올림포스 천궁에서 헤라클레스의 행복한 모습을 지켜보며 드디어 그를 불행하게 만들 때가 왔음을 알았다. 결국, 헤라는 헤라클레스에게 환상과 환청을 보낸다.

어느 날 헤라클레스는 환상 속에서 적들이 쳐들어오는 모습을 보고는 놀라서 옆에 있는 활을 들어 적들에게 화살을 미친 듯이 쏘았다. 적들이 화살에 맞아 쓰러지는 모습을 보고 한숨을 돌린 순간, 정신을 차린 그의 눈앞에는 사랑하는 아내와 자식들이 화살에 맞아 죽어 있었다.

"아니야, 아니야! 이럴 수는 없어!"

헤라클레스는 괴로워하며 울부짖었지만, 이미 사랑하는 모든 것을 한순간에 잃어버린 다음이었다.

아내와 자식을 죽인 죄로 테베에서 쫓겨난 헤라클레스는 델포이의 아폴론 신전으로 달려갔다. 그곳에서 자신이 어떻게 속죄를 해야 할지를 물었다. 헤라클레스가 저지른 죄의 내막을 아는 신들은 그를 딱하게 여겼다.

결국, 그에게 아르고스의 왕 에우리스테우스에게 가서 그가 시키는 일들을 모두 하라는 말을 내렸다. 그 길로 헤라클레스는 에우리스테우스를 찾아갔다. 하지만 에우리스테우스는 왕의 자리를 위협할 수도 있는 영웅 헤라클레스의 방문이 반갑지만은 않았다. 헤라클레스는 왕에게 이렇게 말했다.

"나에게 무슨 일이든 시키시오. 나는 왕의 뜻대로 모든 일을 할 것이오."

그러자 에우리스테우스는 이참에 세상의 근심거리인 괴물들을 제거하기로 마음먹는다. 그때부터 헤라클레스는 에우리스테우스가 시키는 열두 가지 노역을 시작했다.

헤라클레스가 해야 할 첫 번째 노역은 네메아 지역의 무시무시한 사자를 죽이는 일이었다. 그 사자는 네메아 지역에 나타나 사람과 가축을 무자비하게 잡아먹으며 사람들을 공포에 떨게 했다.

"도저히 그 사자를 잡을 수 없어요! 화살과 창에도 가죽이 끄떡하지 않는다고요. 엄청난 힘으로 몇 날 며칠 목을 조여야만 죽는다고 해요!"

트레토스산 인근 주민들은 공포에 떨며 헤라클레스에게 제발 이 사자를 없애 달라고 애원했다.

헤라클레스는 어떻게 이 무적의 사자를 잡을 수 있을까 고민했다. 그는 먼저 사방이 막힌 동굴로 사자를 몰아넣었다. 그리고 사자가 달려드는 순간에 준비해 둔 몽둥이로 사자의 머리를 세게 쳤다. 몽둥이에 맞은 사자는 동굴 밖으로 도망가려고 했지만, 동굴 입구는 이미 다 막은 상태였다. 그런 후 헤라클레스는 사자의 목을 잡고 조르기 시작했다. 그렇게 한참 목을 조른 후 사자가 죽자 사자의 발톱으로 그 가죽을 벗겨 동굴을 나왔다.

헤라클레스의 두 번째 노역은 레르나 호수에 출몰하는 머리가 여러 개인 뱀 히드라를 죽이는 일이었다. 히드라는 머리 하나를 자르면 두 개가 새로 돋는 무시무시한 괴물이다. 헤라클레스는 히드라의 머리를 하나씩 자르고는 그 자리를 바로 불로 지져서 머리가 새로 돋지 못하게 하며 모두 잘랐다. 결국, 히드라를 죽이는 데 성공한 헤라클레스는 히드라의 독을 얻는다.

그 이후 헤라클레스는 너무나 재빨라 잡기 힘들다는 케리네이아의 암사슴을 찾아 떠났다. 이 암사슴은 황금 뿔을 가진 신성한 존재이다. 헤라클레스는 약 일 년간 암사슴을 쫓다가 라돈 강가에서 결국 사로잡았다.

다음으로 그는 에리만토스산으로 멧돼지를 잡으러 갔다. 아르카디아 지방에 출몰하며 밭을 파헤치고 사람들에게 달려들어 공격하는 악명 높은 멧돼지였다. 헤라클레스는 멧돼지를 눈 속으로 몰아서 지치게 한 다음에 사로잡는 데 성공했다.

30년 동안 한 번도 청소하지 않은 아우게이아스의 외양간을 청소하는 일도 주어졌다. 단순히 쓸고 닦는 것만으로는 30년 동안 쌓인 배설물을 도저히 치울 수가 없었다. 고민한 끝에 헤라클레스는 근처에 있는 두 강의 물줄기를 끌어다가 외양간 바닥에 굳어 붙은 찌꺼기들을 말끔히 씻어냈다.

한편, 스팀팔로스 늪에는 괴성을 지르는 새들이 출몰해 사람들이 고통을 받고 있었다. 헤라클레스는 늪으로 가 청동 방패를 두드려 더 큰 소음을 내서 그 소리에 새들끼리 부딪혀 죽게 했다.

그 외에도 헤라클레스는 크레타의 황소를 사로잡아 미노스 왕에게 바쳤고, 사람을 잡아 말에게 먹이로 주는 트라키아의 왕 디오메데스와 씨름을 해서 이긴 후, 그를 죽였다. 아마존의 여왕 히폴리테의 허리띠를 훔쳐 오기도 했고, 바다 건너의 섬에 사는 게리온의 황소 떼도 에우리스테우스의 지시에 따라 훔쳐 왔다.

프로메테우스의 도움을 받아 헤스페리데스의 사과도 땄으며, 마지막으로 에우리스테우스는 저승으로 가서 하데스의 수문장을 데려오라고 명령했다. 헤라클레스는 저승의 문을 지키는 머리가 셋에 뱀의 꼬리를 가진 무시무시한 개 케르베로스도 데려오면서 열두 가지 노역을 모두 완수했다.

에우리스테우스는 헤라클레스가 시킨 일을 모두 해내자, 어쩔 수 없이 그를 놓아줄 수밖에 없었다. 에우리스테우스는 헤라클레스에게 다시는 아르고스로 돌아오지 말라고 말하며 쫓아냈다.

헤라클레스는 헤라 여신의 저주로 끔찍한 범죄를 저지른 뒤,

속죄하기 위해 오랜 세월 동안 다른 사람의 노예가 되었다. 그리고 힘들게 세상의 끝과 저승까지 오가며 세상에서 가장 위험한 동물과 괴물들을 처리하여 주어진 일을 모두 끝냈다. 그렇게 그는 자유의 몸이 되었다.

헤라클레스에게는 힘들고 고통스러운 노역들이었지만, 이 힘든 열두 가지 일을 통해 그는 사람들에게 영웅으로 불리게 되었다.

☑ 깊이 생각해보기

신과 인간 사이에서 태어난 아이, 헤라클레스

고대 그리스에서는 인간이 고난을 겪으면 이 인간을 밉게 본 다른 신의 농간이라고 생각했던 모양이에요. 제우스와 헤라가 인간 영웅을 두고 벌이는 갈등은 이런 영웅의 탄생과 그 고난을 설명하는 고대인들만의 방식이었답니다.

'그리스 로마 신화'의 영웅들이 친근하게 느껴지는 것은 다른 영웅들과 달리 끊임없이 실수하거나 때로는 죄를 저지르기 때문이에요. 인간의 모습과 다르지 않은 영웅의 삶에 사람들은 더욱 깊이 빠져들어요. 헤라클레스는 아내와 아이들을 죽인 죄와 친구를 죽인 죄로 벌을 받았지만, 결국은 엄청난 일들을 해낸 영웅이 된답니다.

헤라클레스의 죽음

칼리돈으로 간 헤라클레스는 칼리돈의 왕 오이네우스의 아름다운 딸 데이아네이라를 보고는 한눈에 반해 그녀와 결혼하고 싶었다.

"구혼자는 자네 말고도 또 있네. 둘이 싸워서 이긴 자에게 내 딸을 주겠네."

오이네우스는 강의 신인 아켈로오스도 데이아네이라를 원하자 이런 제안을 했다. 어쩔 수 없이 헤라클레스는 황소의 모습으로 변한 강의 신과 씨름을 했다. 그리고 결국은 그 뿔을 부러뜨리고 아름다운 데이아네이라와 결혼한다.

둘은 결혼한 후에 아이톨리아를 여행하다가 에베누스강을 건너게 되었다. 이 강에서는 켄타우로스 상체는 인간이고 가슴 아래부터 뒷부분은 말인 종족인 네소스가 등에 사람을 태워 배보다 빨리 강을 건너게 하는 사공 노릇을 하고 있었다. 데이아네이라가 먼저 네소스의 등에 타고 강을 건넜다. 그런데 네소스는 너무도 아름다운 여인을 보자 흑심이 생겨서 그대로 데이아네이라를 태운 채 도망을 치려고 했다.

"도와주세요, 헤라클레스!"

아내가 반대편 강둑에서 켄타우로스의 등에 탄 채 비명을 질렀다. 헤라클레스는 바람처럼 달리는 켄타우로스에게 화살을 쏘았고, 단번에 명중했다. 이 화살은 헤라클레스가 히드라를 죽인 후 그 독을 화살촉에 발라 둔 것으로 무엇이든 맞으면 치명상을 입고 죽을 수밖에 없다.

"윽! 분하다!"

화살에 맞아 죽어가면서도 네소스는 어떻게 하면 헤라클레스에게 복수를 할지 생각했다. 그래서 헤라클레스가 강을 건너오기까지 기다리는 데이아네이라에게 이렇게 말했다.

"남편이 더 예쁜 여자에게 가 버릴까 봐 불안하지 않소? 내 피는 사랑의 묘약 역할을 하니, 옷에 적셔 두었다가 필요할 때 사용하도록 하시오."

이 말에 그렇지 않아도 여자를 좋아하는 헤라클레스 때문에 불안했던 데이아네이라는 헤라클레스 몰래 네소스의 피가 묻은 옷감을 간직해 두었다.

'그래, 혹시 모르니 간직하고 있어야겠다!'

그 후로 여러 해가 지났다. 헤라클레스가 돌아오기를 기다리던 데이아네이라는 남편이 오이칼리아의 공주인 이올레를 첩으

로 삼아 돌아온다는 소식을 들었다. 데이아네이라는 헤라클레스가 다른 여자만 좋아하고 자신에게 돌아오지 않을까 봐 걱정이 되었다. 불안함에 안절부절못하던 데이아네이라는 오래전에 네소스가 한 말이 생각났다.

"그래, 남편의 사랑을 다시 찾아야겠어!"

데이아네이라는 그 즉시 네소스의 피에 젖은 옷감으로 셔츠를 만들어 전령 편에 보냈다. 아내가 보낸 셔츠를 아무 생각 없이 입은 헤라클레스는 셔츠에 묻어 있던 히드라의 독이 온몸으로 퍼지면서 살이 타들어 가기 시작했다.

그는 살에 들러붙은 옷감을 찢으며 비명을 지르며 괴로워했지만, 소용이 없었다. 살 속 깊이, 뼛속 깊이 독이 퍼져가는 것을 느낀 헤라클레스는 죽음을 받아들였다. 그리고 스스로 나무를 해서 높이 단을 쌓고 그 위에 올라가 누웠다.

"이제 불을 붙여 주게!"

헤라클레스는 함께했던 동료들에게 이렇게 부탁했다. 그러자 동료 중 한 명이 눈물을 삼키며 불을 붙였다. 잠시 후 맹렬한 불꽃이 헤라클레스의 몸을 감쌌다.

제우스와 다른 신들은 올림포스에서 헤라클레스의 죽음을 지켜보고 있었다. 이들은 모두 헤라클레스가 얼마나 오래 참고 애쓰며 열두 가지 노역을 해냈는지 잘 알고 있었다. 한참을 지켜보다가 제우스가 입을 열었다.

"헤라클레스 몸에서 인간에게 물려받은 부분은 모두 타 없어질 것이다. 그러나 내게 물려받은 부분은 타지 않고 남을 테니 그 부분을 되살려 여기 올림포스로 데려와 영원히 살게 할 것이다."

헤라클레스가 태어날 때부터 미워하며 그 모든 시험과 위기를 보냈던 헤라 여신조차도, 헤라클레스가 모든 일을 다 겪고 영웅이 되어 최후를 맞는 모습을 보고는 더 이상 아무런 말도 할 수 없었다.

헤라클레스의 죽음에 대해서 '죽은 것에 의해 죽으리라'는 예언이 있었다. 그 예언대로 이미 오래전에 죽은 히드라의 독과 네소스의 피 때문에 죽음을 맞이한다. 하지만 평생을 누구보다 열심히 살아온 그는 결국 신이 되어 올림포스에 입성하여 불멸의 영웅이 되었다.

깊이 생각해보기

인간의 본성을 꿰뚫어 본 켄타우로스
켄타우로스인 네소스가 인간의 본성을 꿰뚫어 보고, 이를 이용해 복수하는 장면은 정말 인상 깊어요. 사람이 얼마나 악해질 수 있는지 혹은 얼마나 선해질 수 있는지는 모두 사람의 본성을 어떻게 이해하느냐에 달려 있기 때문이지요. 인간은 동물과 달리 한없이 악해질 수도, 한없이 선해질 수도 있는 존재랍니다.

5장

신과 인간의 시기와 질투

사슴이 되어 죽은 악테온

제우스와 레토 여신 사이에서 태어난 남매 아폴론과 아르테미스는 각각 태양의 신과 달의 신이 되어 올림포스에서 당당하게 한 자리를 차지하고 있었다. 그중 아르테미스는 사냥을 좋아하는 처녀 신으로 남자와 사귀거나 결혼할 생각은 전혀 하지 않았다.

"아버지, 저는 영원히 순결한 처녀 신으로 살겠어요!"

아르테미스가 이렇게 다부지게 선언하자, 신들의 왕인 제우스도 반대할 수 없었다. 태양의 신인 아폴론이 여동생의 뒤에서 든든하게 버티고 서 있을 뿐만 아니라, 달을 다스리는 아르테미스의 능력도 뛰어났기 때문이었다.

아르테미스는 자신을 따르는 시녀들에게도 순결을 맹세하게 하고, 이들과 함께 숲과 산을 달리며 사냥을 즐겼다. 달빛 아래에서 사냥감을 쫓아 달리며 아름답게 빛나는 여성들은 그렇게 유명해졌다. 곰은 아르테미스를 나타내는 성스러운 동물이었기 때문에 사람들은 이 여성들을 '곰-여성' 즉 '아르크토이'라고 불렀다.

악테온은 사냥을 잘하는 청년이었다. 테베의 왕이 외할아버지이며, 아버지 아리스타이오스는 태양의 신 아폴론과 사냥을 잘하는 님프 키레네 사이에서 태어났다. 게다가 아리스타이오스는 헤르메스 신의 사랑을 받아 넥타와 암브로시아를 먹고 불멸이 되었다. 그의 아들 악테온의 자만심은 하늘 높은 줄을 몰랐다.

"여신이 사냥을 잘하면 얼마나 잘하겠어! 내가 여신보다 훨씬 더 뛰어난 사냥꾼이야!"

악테온은 그렇게 말하고 다녔다. 그리고 달의 여신보다 사냥을 잘한다는 것을 뽐내기라도 하고 싶었는지, 여신이 즐겨 사냥을 하는 숲으로 사냥개들을 끌고 들어갔다.

악테온의 사냥개들은 그가 시키는 대로 사냥감을 몰아 단숨에 물고는 숨이 끊어질 때까지 놓지 않게 훈련이 잘되어 있었다. 이 사냥개들과 함께 숲을 누비는 한 악테온은 최고의 사냥꾼이었다.

"휙! 애들아, 오늘은 무엇을 사냥할까?"

악테온은 휘파람으로 사냥개들을 몰며 숲속을 달리기 시작했다. 흥분한 개들이 시끄럽게 짖으며 앞으로 달려갔다. 악테온은 사냥개의 뒤를 따라가며 이리저리 사냥감을 찾아 헤맸다. 그러다가 앞서 달려 나간 사냥개들과 멀리 떨어지게 되었다.

"개들이 모두 어디로 갔지? 너무 멀어져 버렸군."

사냥개들을 찾던 중 악테온은 어느 조용한 샘가에 이르렀다. 그곳에서 신비로운 기척을 느낀 악테온은 가만히 샘으로 다가가 보았다. 그러자 악테온의 눈앞에 믿을 수 없는 광경이 펼쳐졌다.

샘에서 아르테미스 여신이 시녀들의 시중을 받으며 목욕을 하고 있었다. 긴 황금빛 머리채를 늘어뜨리고 목욕을 하는 여신의 모습에 악테온은 그만 탄성을 질렀다.

"오, 세상에!"

아차 싶어 입을 막아 보았으나 이미 늦어 버렸다.

"누구냐? 감히 신이 목욕하는 모습을 훔쳐보다니!"

아르테미스가 분노로 일그러진 얼굴을 하고 그를 쏘아보았다.

"죽을죄를 지었습니다. 제가 사냥을 하다가 길을 잘못 들어서 그만……."

악테온은 얼굴이 하얗게 질린 채 납작 엎드려서 싹싹 빌었다. 아르테미스는 그가 평소에 자신이 여신보다 사냥을 잘한다고 뻐기고 다니는 것을 알고 있었다. 아르테미스는 화가 났지만, 오만방자하다는 이유만으로는 그를 벌할 수 없었다. 그러던 그가 이제 엄청난 실수를 하고는 자신 앞에 납작 엎드려 있었다. 아르테미스는 악테온을 내려다보며 회심의 미소를 지었다.

"나를 훔쳐보았다는 말뿐만 아니라, 그 어떤 말도 다시는 입밖으로 내뱉지 않겠다고 약속하면 살려 주마. 대신 입을 열어한 마디라도 말을 한다면, 너는 그 자리에서 사슴으로 변할 것이다."

아르테미스의 벌은 아주 관대한 처분이었다. 할아버지인 아폴론 신을 포함해서 올림포스의 그 어떤 신들도 이 정도의 벌에 이의를 제기할 수 없을 터였다.

"감사……."

"그새 잊었느냐? 말을 하지 말라고 했다!"

당황한 악테온은 머리를 땅에 대고 조아렸다. 그리고 여신이 그만 가보라고 손짓을 하자 안도의 한숨을 내쉬며 돌아섰다.

'그래도 이만하길 다행이다. 큰 벌이 내려지는 줄 알았네!'

잠시 후 긴장이 풀리자 여신의 아름다운 모습이 떠올라 저도 모르게 흐흐 웃음이 나왔다. 이제 숲을 나가 집으로 돌아가면 되겠다는 생각에 그는 원래 하던 대로 사냥개들을 불렀다.

"휙! 얘들아, 이제…… 집…… 꾸어엉, 히잉!!"

악테온은 말을 다 마치기도 전에 사슴으로 변해서 히잉거렸다.

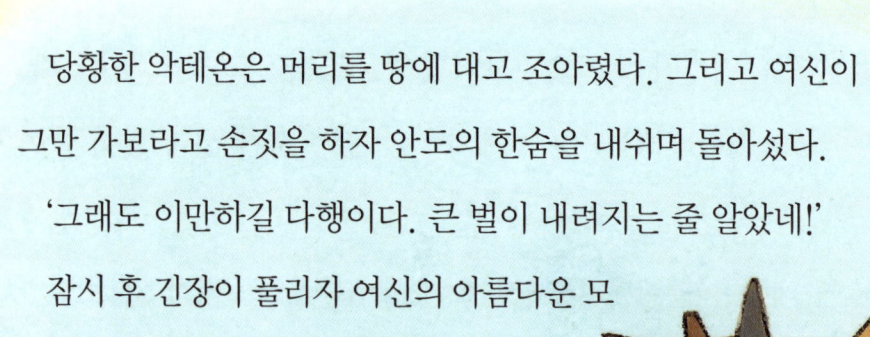

저 멀리서 그가 마지막으로 부른 소리를 들은 충성스러운 사냥개들이 사납게 짖으며 달려오고 있었다. 사슴의 몸을 한 그는 콧구멍을 벌름거리고 히잉거리며 사냥개들을 말리려고 했으나 소용이 없었다. 사냥개들은 악착같이 달려와 훈련받은 대로 사슴을 덮쳤다.

악테온은 그렇게 사슴이 되어 몸부림을 치며 자신의 사냥개들에게 물려 죽었다. 항상 자신이 쫓던 사슴의 신세가 된 것이다. 숲속에서 쓸쓸하게 죽어가는 악테온의 싸늘한 몸 위로 달빛이 은은하게 비추고 있었다.

☑ 깊이 생각해보기

순결한 이미지를 상징하는 아르테미스 여신

아테네와 더불어 아르테미스는 처녀 신이에요. 곰이 아르테미스 여신의 상징이라서 아르테미스를 섬기는 어린 여자아이들을 '아르크토이'라고 불렀어요. 많은 스캔들을 남긴 다른 신들과 달리 아르테미스는 사냥꾼인 오리온과 깊은 우정을 나눈 것 외에는 그 어떤 남성과도 사귀는 일이 없었다고 해요. 그래서 사람의 발길이 닿지 않는 깊은 숲속을 거니는 순결한 이미지를 상징하기도 하지요.

거미가 된 아라크네

쓱, 싹, 스르렁, 쓱, 싹, 스르렁!

그리스 어느 마을의 작은 집에서는 베 짜는 소리가 끊이지 않고 들려왔다. 이 집의 딸인 아라크네는 아침부터 저녁까지 베틀에 앉아 옷감을 짰는데, 솜씨가 아주 뛰어났다. 삼에서 뽑은 실로 옷감을 짜든, 양털에서 뽑은 실로 옷감을 짜든, 아라크네가 짠 옷감들은 하나같이 얇고 부드러울 뿐만 아니라 색과 무늬가 이루 말할 수 없이 아름다웠다.

"저건 절대 삼이나 양털에서 뽑은 실로 짠 게 아닐 거야! 마치 햇빛을 걷어다 씨줄을 삼고, 달빛을 걷어다 날줄을 삼아 옷감을 짠 것 같아!"

수많은 사람이 아라크네가 짠 옷감을 보러 와서는 혀를 내둘

렀다. 아라크네는 사람들의 칭찬을 들으며 우쭐해졌다. 옷감을 짜는 일은 즐겁기도 했지만, 자신이 옷감을 아주 잘 짠다는 생각에 행복했다. 옷감을 짜지 않는 삶이란 상상할 수 없었다.

어느 날 아라크네의 옷감을 보러 온 손님 중 하나가 불쑥 물었다.

"이건 인간의 솜씨가 아닌 듯합니다. 혹시 물레와 베틀을 다스리는 여신인 아테나 여신에게서 옷감 짜는 방법을 배운 게 아니오?"

아라크네는 손님의 질문에 웃으며 대답했다.

"배우긴요. 저 혼자 알아낸 거예요. 아테나 여신이 얼마나 잘 짜는지는 몰라도 저라고 그만큼 못 짜겠어요?"

자신의 옷감 짜기 실력을 칭찬하는 말에 우쭐해진 아라크네는 그렇게 해서는 안 될 말을 해 버렸다. 그 순간, 아라크네 앞에는 키 크고 아름다운 회색 눈빛의 여인이 모습을 드러냈다.

"내가 바로 아테나 여신이다. 지혜와 공예의 여신이지. 네가 우쭐거리는 소리가 들리던데, 나 못지않게 옷감을 짤 수 있다고 말한 건 진심이냐?"

아라크네는 당황했지만 당당하게 대답했다.

"네, 여신에 뒤지지 않게 짤 수 있습니다."

"흐음, 좋다. 그러면 어디 나와 옷감 짜기를 겨루어 보자꾸나. 너는 네 베틀에서 짜고, 나는 내 베틀에서 옷감을 짜는 거다. 위대한 제우스 신이 심판이 되어 주실 게다. 네가 짠 옷감이 더 나으면 나는 이 세상이 계속되는 한은 더 이상 실을 잣지도, 옷감을 짜지도 않을 것이다. 하지만 내가 짠 옷감이 더 낫다면, 너 역

시 살아서 다시는 물레와 베틀에 손대지 못할 것이다. 어디 한번 해 보겠느냐?"

아라크네는 천연덕스럽게 고개를 끄덕였다.

"좋습니다."

그렇게 아테나 여신과 아라크네의 옷감 짜기가 시작되었다. 이 둘이 겨룬다는 소식에 수백, 수천의 사람들이 모여들어 아라크네의 집을 둘러싸고 기다렸다. 제우스 신도 구름 속에 앉아 내려다보고 있었다.

쓱, 싹, 스르렁, 쓱, 싹, 스르렁!

아침부터 밤까지 둘은 아무 말도 하지 않고 실을 잣고 옷감을 짰다. 아라크네는 가장 가는 실을 골라 옷감을 짰다. 이윽고 옷감이 완성되었다. 그 옷감은 너무도 얇아서 공중에 날아갈 것 같았고, 형형색색의 씨줄과 날줄들이 눈부시게 아름다운 빛을 뿜어내는 듯했다.

"아라크네가 옷감을 잘 짠다고 할 만하네."

거미가 된 아라크네

사람들이 웅성거렸다. 제우스도 고개를 끄덕여 보였다.

이내 아테나 여신의 옷감도 완성되었다. 아테나는 높은 산꼭대기에서 빛나는 햇살 자락을 걷어 오고, 여름 구름의 하얀 털 뭉치를 뽑아 오고, 여름 하늘의 푸르른 결을 가져와 옷감을 짰다. 완성된 옷감을 본 사람들은 아라크네가 짠 옷감은 까맣게 잊고는 그 아름다움에 넋이 나가서 아무 말도 하지 못했다. 아라크네는 아테나 여신의 옷감을 보고 털썩 주저앉았다. 그리고 머리를 감싸 쥐고 울기 시작했다.

"아, 이제 나는 물레질도 못 하고, 베틀에 앉지도 못하겠구나. 이제 나는 어떻게 살까?"

그렇게 주저앉아 하염없이 우는 아라크네를 보자 아테나 여신은 딱한 마음이 들었다.

"신과 한 약속을 물릴 수는 없다. 물레와 베틀에 다시 손을 대지 못한다는 약속은 지켜야 한다. 하지만 그렇게 하지 않고 계속 실을 잣고 옷감을 짜게 해 주마. 네 모습을 바꾸어 실을 잣고 옷감을 짜는 존재가 되게 해 주겠다."

아테나 여신은 이렇게 말한 후에 자신의 창으로 아라크네를 살짝 건드렸다. 그러자 아라크네는 거미가 되어 건물 구석으로 달려가 실을 잣기 시작했다.

　그렇게 아테나 여신과의 옷감 짜기 시합에서 진 아라크네는 거미가 되어서 계속 실을 잣고 옷감을 짜게 되었다. 수많은 칭찬에 우쭐해져서 자신의 실력을 과신하는 잘못을 저질렀던 아라크네는 지금도 실을 잣고 옷감을 짜서 사람들이 사는 집의 처마 끝 혹은 깊은 숲속 나뭇가지 사이에 옷감을 걸어 놓고 있다.

깊이 생각해보기

가장 아름다운 것은 자연

공장에서 만들어져 나오는 옷을 사 입는 요즘과는 달리 옛날에는 대부분 집에서 옷감을 짜서 옷을 만들어 입었어요. 그래서 여자들에게 옷감을 짜는 일은 아주 중요했지요. 옷감을 잘 짜는 여성, 옷을 잘 짓는 여성들은 유명해지기도 했어요. 이 일을 다스리는 여신이 있었던 이유도 바로 그 때문이에요.

　이 신화에서는 자연의 여러 빛깔과 재료를 가져다 짠 옷감이 최고의 옷감으로 인정받아요. 그처럼 인간이 짜는 옷감은 자연이 만들어내는 빛과 풍경만큼 아름답지 못하다는 뜻이 담겨 있어요.

영원히 눈물을 흘리는 바위가 된 니오베

니오베는 모든 것을 다 가진 왕비였다. 하지만 행복에 겨운 나머지 가장 행복한 순간이 가장 조심해야 할 때라는 것을 몰랐다.

리디아의 왕 탄탈로스의 딸로 태어나 유복하게 자란 니오베는 테베의 왕 암피온과 결혼해 왕비가 되었다. 그리고 아들 일곱과 딸 일곱을 둔 어머니가 되었다. 니오베는 인간으로 가질 수 있는 모든 행복을 다 가진 셈이었다. 무엇이 부족해서 스스로 화를 자초했는지 모를 일이었다.

니오베는 종종 테베에 살고 있던 레토 여신과 자신을 견주었다. 레토 여신은 제우스의 아내는 되지 못했지만, 가이아와 크로노스 사이에서 태어난 제우스의 누이 중 한 명이었다. 니오베는 그런 여신과 자신을 견주며 이렇게 말했다.

"레토 여신은 아들 하나, 딸 하나밖에 없다지? 난 그 일곱 배나 있는데!"

레토 여신의 아들인 아폴론 신과 딸인 아르테미스 여신은 이 말을 전해 듣고는 머리끝까지 화가 났다. 특히, 헤라 여신의 저주를 피해 온 세상을 도망 다니며 자신들을 낳아 기른 어머니를 모욕하는 인간을 도저히 용서할 수가 없었다. 아폴론과 아르테미스 남매는 활과 화살을 챙겨 들고 올림포스에서 지상으로 내려왔다.

"어디, 그 잘난 아들딸들이 다 죽고 난 후에도 그런 말이 나오는지 한번 보자!"

아폴론은 분노에 차 활시위를 당겼다.

휘잉!

"으악!"

니오베의 첫째 아들이 아폴론의 화살에 맞아 그 자리에서 스러졌다. 어디선가 날아온 화살을 맞고 아들이 쓰러지자 니오베는 얼굴이 하얗게 질린 채로 소리쳤다.

"어머, 애야!"

니오베가 첫째 아들에게 달려가는 사이에도 화살은 연달아

날아왔다.

휘잉! 휘잉! 휘잉! 휘잉! 휘잉!

날아온 화살은 차례로 둘째, 셋째, 넷째, 다섯째, 여섯째 아들의 가슴에 꽂혔고, 아들들은 피를 토하며 죽어갔다. 니오베는 몸을 던져 아직 살아있는 막내아들을 감쌌다. 그리고 고개를 들어 사방을 살피니, 하늘에서 아폴론과 아르테미스 여신이 노여움이 가득한 얼굴로 활을 겨누고 있었다.

"제가 잘못했습니다! 제발 이 아이만, 이 아이만이라도 살려 주세요!"

니오베는 울면서 신들에게 호소했다.

휘잉!

그러나 아폴론 신의 화살은 니오베 품에 안긴 막내아들의 가슴에 정확하게 와서 꽂혔다.

그것이 끝이 아니었다. 잠시 후 아르테미스가 화살을 메긴 활을 들어 니오베의 딸들을 겨누기 시작했다. 니오베는 짐승처럼 네발로 딸들에게 뛰어갔다.

"딸들만은, 딸들만은, 제발, 악! 애야, 애야!"

그러나 아르테미스의 화살은 비정하게도 연달아 일곱

딸의 급소에 가서 박혔다. 한순간 니오베는 열네 명 자식들의 시체 한가운데 앉아 있었다. 말할 수 없이 허무하고 슬픈 감정에 휩싸인 니오베는 아무것도 하지 못하고 하염없이 앉아만 있었다.

뒤늦게 이를 알게 된 테베의 왕 암피온은 하루아침에 열네 명의 자식들이 모두 죽은 것을 알고는 분노에 차 소리를 질렀다.

"아무리 신이라도, 아무 죄도 없는 내 자식들을 죽이다니!"

그리고는 활과 화살을 들어 아폴론 신을 겨누었지만, 감히 신에게 활을 쏘아서 목숨을 부지할 수 있는 인간은 없었다.

휘잉!

암피온 왕은 화살을 아폴론에게 미처 날려보지도 못하고, 아폴론의 화살에 맞고 쓰러졌다.

그렇게 아흐레가 지났다. 니오베는 여전히 열다섯 구의 시체 가운데 앉아 있었다. 그녀는 남편과 아들과 딸들의 시체를 묻을 수가 없었다.

"이 시신들을 묻어 주는 자는 저주를 받을 것이다!"

아폴론과 아르테미스가 화살을 거두고 떠나면서 이렇게 말했기 때문이었다.

니오베의 눈에서 눈물이 멈추지 않았다. 그렇게 아흐레를 울다가 지친 니오베는 시필루스산으로 달려갔다. 거기서 그녀는 제우스에게 빌었다.

"아무것도 바라지 않겠습니다! 제발 이 고통을, 이 고통을 더는 느끼지 않게 해 주세요!"

제우스는 그런 니오베가 불쌍했다. 그래서 죽은 가족들의 시체를 묻을 수 있게 해준 후, 니오베를 바위로 바꾸어 주었다. 하지만 바위로 변해서도 니오베의 눈물은 그치지 않았다.

터키의 시필루스산에 놓인 이 바위는 지금까지도 눈물을 흘리고 있다고 한다.

☑ 깊이 생각해보기

부족의 통합을 표현한 신들의 결혼

신화에서 신이 여동생인 여신과 결혼하는 일은 실제로 일어난 일이라기보다는 하나의 신을 모시는 부족과 다른 신을 모시는 부족이 하나로 합쳐졌다고 볼 수 있어요. 이를 신화에서는 신이 결혼한다는 식의 이야기로 표현했다고 생각해요. 누이 신이라고 불릴 만큼 가까운 부족과 합쳐지는 일이라서 신들의 결혼이 그렇게도 형제자매 간에 빈번히 일어나는 것처럼 보인답니다.

6장

운명과 깨달음

태어나자마자
도둑질을 한 헤르메스

"아버지가 제우스라서 그런가, 이 아기는 왜 이리도 빨리 크는지 몰라."

제우스와 아틀라스의 딸 마이아 사이에서 태어난 사내 아기를 돌보고 있던 님페 켈레네가 놀라서 중얼거렸다. 켈레네산의 어느 동굴에서 태어난 아기가 태어난 지 몇 시간도 되지 않아 요람에서 기어나와 돌아다녔기 때문이다. 하지만 그것이 다가 아니었다.

며칠이 지나자 헤르메스는 동굴 밖으로 나가서 거북이를 한 마리 잡아 죽인 후, 그 등껍질에 양의 힘줄 일곱 개를 묶어 악기를 만들고는 혼자 연주하기 시작했다. 한참 동안 악기를 연주하다가 이내 싫증이 난 어린 헤르메스는 더 멀리 가보기로 했다.

한참을 가니 소 쉰 마리가 눈에 띄었다. 이 소들이 탐이 난 아기 헤르메스는 그만 소들을 훔쳐 버렸다. 그것도 그냥 소 떼를 몰고 나온 게 아니라, 떡갈나무 껍질을 벗겨서 소들의 발굽에 신겨 발자국을 완전히 지웠다. 또, 소 떼를 거꾸로 걷게 하고, 모래를 지나게 해서 발자국을 쫓아오지 못하게 꾀를 부렸다.

태양의 신이 되기 전에 신들의 목동이었던 아폴론은 없어진 소 떼를 찾아서 온 세계를 뒤졌지만 찾을 수가 없었다. 어쩔 수 없이 점을 쳤고, 그 점은 아폴론을 어린 헤르메스가 사는 동굴로 이끌었다.

"전 아직 아기라서 소 같은 거 못 훔쳐요. 제 아버지를 걸고 맹세하는데, 저는 소가 뭔지도 몰라요."

아폴론은 능청스럽게 거짓말을 하는 어린 헤르메스를 잡아서 제우스 앞으로 데려갔다. 그런 후 버둥거리는 어린 헤르메스를 올림포스 궁전의 왕좌 앞에 내려놓고 소리쳤다.

"신들의 왕이신 제우스여, 이 꼬마 녀석이 소 쉰 마리를 훔쳐 간 범인입니다!"

제우스는 그 아기가 자신과 마이아의 사이에서 낳은 아들이라는 것을 한눈에 알아보았다. 그는 이 작은 녀석이 태어난 지

 얼마 되지 않아서 저지른 장난이 내심 기특했다. 하지만 도둑질은 도둑질이었기에 무섭게 헤르메스를 다그쳤다.
 "네 아버지를 걸고 맹세했다고? 사실대로 말하지 못할까?"
 어린 헤르메스는 아버지가 화를 내자 더 이상 거짓말을 하지 못했다.
 "소를 모는 게 재미있어서 해 봤어요. 용서해 주세요!"
 그러고는 아폴론에게 소들을 돌려주었다. 하지만 아폴론이 계속 화를 내며 기분을 풀지 않자, 헤르메스는 거북의 등껍질로 만든 악기를 꺼내서 아폴론을 찬미하는 노래를 부르기 시작했다.

"오, 저기 저 하늘의 눈부시게 잘생긴 신은 바로 신 중의 신 아폴론이 아닌가요? 잘생기기만 했나요. 마음씨도 좋아요."

아폴론은 헤르메스의 아부에 기분이 좋아지기도 했지만, 헤르메스가 연주하는 악기가 탐나서 견딜 수가 없었다.

"애야, 그 악기를 내게 주면, 대신 소들을 네게 주마."

헤르메스는 그 제안을 흔쾌히 받아들였다. 그래서 냉큼 악기를 내주고, 소들을 받았다. 아폴론은 그 악기를 받아서 '리라'라고 이름 붙였다. 리라는 나중에 아폴론이 아홉 명의 뮤즈들과 함께 곡을 연주할 때 사용하는 악기가 되었다.

헤르메스는 아버지 제우스 앞에서 다시는 도둑질과 거짓말을 하지 않을 테니, 대신 자신을 아버지의 전령으로 삼아 달라고 부탁했다. 제우스는 이 머리 좋은 아들이 말썽을 일으키고 다니는 것보다는 자신이 데리고 있는 게 나을 것 같아서 아들의 청을 흔쾌히 받아들였다. 그 이후 헤르메스는 신들의 심부름꾼이자 소식을 전하는 전령의 신이 되었다. 제우스는 어린 아들이 전령 노릇을 잘할 수 있도록 선물들을 주었다.

"자, 이 날개 달린 신발을 받거라. 바람처럼 빠른 신발을 신으면 빠르게 소식을 전할 수 있을 거다. 그리고 이 둥근 모자는 비를 막아줄 거다. 두 마리 뱀이 휘감고 있는 이 지팡이는 올림포스의 전령이라는 표시로 들고 다니도록 해라."

헤르메스는 이렇게 올림포스의 열두 번째 신이 되었다. 그리고 약속한 대로 거짓말을 다시는 하지 않는 믿음직한 신이 되었다. 저승의 왕인 하데스마저 헤르메스를 자신의 전령으로 삼으면서, 헤르메스는 죽은 이들을 저승까지 데려다주는 일도 하게 되었다.

제우스는 헤르메스를 다시 불러 더 많은 일을 맡겼다.

"하늘과 땅과 저승 사이를 자유롭게 다니는 일만 해서는 네가 철이 안 들겠다. 그래서 네가 책임질 일들을 주겠다. 이제부터 너는 모든 나그네를 지키는 일을 해라. 나그네들이 곤경에 처해서 네 이름을 부르면 얼른 달려가 도와주는 일이 네가 할 일이다."

헤르메스는 인간들이 자신을 많이 찾을 거라는 생각에 좋아서 입이 찢어질 것 같았다. 하지만 돌아서 나가려는 헤르메스에게 제우스가 몇 마디를 덧붙였다.

"아 참, 나그네들에는 도둑과 강도도 포함되니 그 인간들도 재주껏 알아서 돕도록 해라."

그렇게 헤르메스는 모든 나그네와 도둑, 강도의 수호신이 되었다.

깊이 생각해보기

날개 달린 모자와 신발을 가진 헤르메스

헤르메스는 상업과 의사소통, 도둑을 수호하는 신이에요. 또한, 그의 로마식 이름인 '머큐리'는 별 중 수성을 가리키고 물질 중 수은을 나타내기도 해요. 헤르메스가 쓰고 다니는 모자와 신발에는 날개가 달려있는데, 이 날개 달린 모자가 바로 우리나라 포털 서비스인 '네이버'의 상징이기도 하지요.

'헤르메스의 침묵'이라는 말이 있어요. 이는 사람들이 대화를 나누다가 갑작스레 말이 끊어져서 침묵이 흐르는 어색한 순간을 가리키는 말이에요. 과거에는 의사소통을 담당하는 신인 헤르메스가 그 순간을 도와주지 않아서 말이 끊겼다고 생각했답니다.

미다스의 손

"오! 이 반짝이는 황금을 보라! 바라보고만 있어도 행복하지 않으냐!"

프리기아의 왕 미다스는 황금 왕관을 쓰고, 황금 목걸이를 하고, 황금 홀을 들고, 황금 왕좌에 앉아서 외쳤다. 프리기아는 소아시아의 부유한 왕국이었고, 왕궁 역시 크고 으리으리했으며 왕궁은 보물로 넘쳐났다. 그의 왕국은 번창하고 있으며, 그에게는 사랑하는 아름다운 딸도 있었다. 하지만 만족하고 감사할 줄 모르는 미다스 왕은 황금이 더 있었으면 했다.

"프리기아가 번창하고 나와 백성이 행복한 건 다 이 황금 덕분이야. 이 반짝이는 것들이 있어서 우리가 행복한 거야."

왕은 황금이 있어서 행복하다고 믿었고, 황금이 더 있으면 더 행복해질 거로 생각했다.

어느 날이었다. 술과 풍요의 신 디오니소스와 그 일행이 프리기아 근처를 지나가게 되었다. 디오니소스를 키워 준 반인반수_{반은 사람, 반은 염소}인 실레노스도 그 일행 중 한 명이었는데, 그만 술에 취해 길을 잃고 미다스 왕의 정원에 들어와 잠이 들어 버렸다. 미다스 왕은 실레노스를 알아보고 그를 극진히 대접한 후, 디오니소스에게 다시 데려다주었다.

"고맙다, 인간의 왕이여. 원하는 소원을 빌어라. 내가 들어주겠노라."

그의 친절에 고마움을 느낀 디오니소스는 미다스 왕에게 소원을 말하라고 했다. 이에 미다스 왕은 한 치의 망설임 없이 말했다.

"저는 황금이 좋습니다! 제가 만지는 것은 모두 황금이 되게 해 주십시오!"

"이런, 진정 네가 원하는 것이 무엇인지 잘 알고 말하는 것이냐?"

디오니소스는 미다스 왕을 준엄하게 내려다보며 다시 한번 물었다.

"네! 물론입니다. 황금이 가득한 궁전에서 살고, 황금이 가득한 나라를 다스리고 싶습니다. 황금만 있으면 돼요!"

디오니소스는 걱정스러운 표정으로 한숨을 쉬며 그 소원을 들어주었다.

"알았다. 내일 아침에 일어나 눈을 뜨면 네 소원대로 될 것이다."

미다스 왕은 좋아서 춤을 추며 자기 왕궁으로 돌아와 평소보다 일찍 잠자리에 들었다.

그는 아침에 눈을 뜨자마자 일어나 침대 옆 테이블을 만졌다. 그러자 테이블이 황금으로 변했다.

"우와! 정말 황금으로 변했어!"

미다스 왕은 기뻐서 어쩔 줄 모르며 이번에는 의자를 만졌다. 의자도 황금으로 변했다. 다음에는 카펫, 다음에는 문, 다음에는 욕조, 그렇게 신나서 방안을 돌아다니며 이것저것 황금으로 바꾸며 춤을 추었다.

"황금이다! 황금이다! 황! 금!"

한참을 돌아다닌 미다스 왕은 문득 배가 고파져서 황금 식탁에 앉아서 그 위에 놓인 포도를 먹기 위해 손을 뻗었다. 그런데 포도를 들어 입에 넣으려는 순간, 포도는 그만 황금으로 변하고 말았다. 미다스 왕은 깜짝 놀라며 자신이 어떤 소원을 빈 것인지 조금씩 깨닫기 시작했다.

"서……, 설마!"

이번에는 목을 축이려고 포도주잔으로 손을 뻗었다. 그랬더니 포도주잔뿐만 아니라 그 속의 포도주까지 모두 황금으로 변했다. 그는 황금 포도주잔을 들고 황금 테이블 앞의 황금 의자에 앉아서 어쩔 줄을 몰랐다.

"어떡하지? 이제 아무 것도 내 손으로 먹을 수 없는 걸까?"

미다스 왕이 근심에 잠겨 있을 때 딸이 문을 열고 들어와 아버지의 안부를 물었다.

"아버지, 일어나셨나요? 아니, 온 방 안이 황금이네요. 어머나! 온통 황금투성이인데 표정이 왜 그러세요?"

딸을 보자마자 미다스 왕은 눈물이 났다.

"애야, 이를 어쩌면 좋으냐? 어쩌면 좋아!"

눈물을 머금은 미다스 왕은 다가오는 딸에게 손을 내밀어 딸을 안으려고 했다.

"글쎄, 먹을 것까지 모두 황금으로 변하고 마는구나……. 앗!

안 돼! 애야, 애야!"

미다스 왕의 손이 닿자 품에 안으려던 공주도 그 자리에서 황금 상으로 변해 버렸다.

"애야, 애야!"

황금 상이 된 딸을 껴안고 미다스 왕은 펑펑 울었다. 황금이 아무리 좋아도 황금 상이 된 딸과 살아 있는 딸은 비교조차 할 수 없었다.

미다스 왕은 그 길로 정신없이 디오니소스 신을 찾아갔다. 눈물도 자신의 손으로 닦을 수가 없어서 눈물과 콧물이 범벅인 모습이었다. 그러고는 디오니소스 신 앞에 가서 털썩 무릎을 꿇고 빌었다.

"신이시여! 제가 황금에 눈이 멀어 소원을 잘못 빌었습니다. 제가 사랑하는 딸까지 황금으로 변했고, 먹으려고 입에 가져다 대는 모든 것이 황금으로 변하고 맙니다. 부디 이 소원을 물려

주십시오!"

"그러니 잘 생각해 보라고 하지 않았느냐? 그래, 지금도 모든 게 황금이 되면 좋으냐?"

"아닙니다! 아닙니다! 그 어떤 황금도 살아 있는 사람만 못합니다!"

이제야 황금보다 가치 있는 것이 무엇인지 깨달은 미다스 왕을 보자 디오니소스는 마음이 움직였다. 그래서 소원을 물리는 방법을 알려 주었다.

"팍톨로스강에 가서 네 손을 씻어라. 그러면 이전의 손으로 돌아갈 것이다."

"감사합니다! 감사합니다! 정말 감사합니다!"

미다스 왕은 그렇게 넙죽 감사의 절을 올리고 강으로 달려가 손을 씻었다. 잠시 후 미다스 왕의 손은 원래대로 돌아왔고, 그가 손을 담근 후 팍톨로스강은 황금빛으로 빛나기 시작했다. 그 이후부터 사람들은 그 강의 모래 속에 가라앉은 사금을 채취할 수 있었다.

미다스 왕은 왕궁으로 돌아왔고, 딸을 포함해 자신이 손댔던 모든 것이 원래대로 돌아온 것을 보았다. 그는 다시 사람으로 돌아온 딸을 품에 안고 울면서 맹세했다.

"앞으로 다시는 황금을 더 원하지 않겠다. 황금이 아무리 좋아도 내 딸보다 좋을까! 만족할 줄 모르던 내가 잠시 눈이 멀었었구나. 내가 행복한 것은 황금이 있어서가 아니었다. 그것을 이제야 깨달았구나!"

☑ 깊이 생각해보기

좋은 일이 생길수록 겸손이 필요

엄청나게 좋은 일이 갑자기 하늘에서 뚝 떨어지듯 생길 때는 조심해야 해요. 노력하고 기다리며 얻은 결과와 달리 반드시 안 좋은 점이 따라오기 때문이에요. 갑자기 엄청난 액수의 복권에 당첨된 사람들이 이후 부자가 되어도 행복하게 살지 못하고, 흥청망청 돈을 쓰다가 도로 가난해지는 경우도 많아요. 좋은 일이 반드시 좋은 일만은 아닐 수 있다는 것을 알면, 좋은 일이 생겼을 때 겸손한 마음으로 주변을 살필 수 있어요.

이카루스의 날개

"하늘을 날아 도망가는 방법밖에 없겠구나."

다이달로스가 한숨을 깊이 내쉬었다. 그는 아들 이카루스와 함께 크레타섬의 미로에 갇혀 있었다. 자신이 만든 미로에 갇혀서 나가지 못하는 장인의 신세라니, 참으로 답답하기 그지없었다.

'내 인생은 어디부터 잘못된 걸까?'

다이달로스는 그런 생각을 하지 않을 수 없었다. 아마도 조카이자 자신의 제자였던 탈로스를 질투한 나머지 그를 아테네 아크로폴리스 꼭대기에서 아래로 떠밀어 버린 죗값을 받는 것 같았다.

아테네 초대 왕의 자손인 다이달로스 집안은 대대로 뛰어난 발명가이자 장인으로 아테네에서 번창했다. 다이달로스 역시 인정받는 장인이었으나, 탈로스를 던져 버린 죄로 인해 아테네에서 추방되었다. 갈 곳 없는 그는 에게해를 건너 크레타섬으로 갔고, 그의 재주를 아낀 미노스 왕이 그를 받아주었다.

"네가 꼭 만들어 주었으면 하는 게 있다."

미노스 왕은 다이달로스에게 머리는 소에 몸은 인간인 괴물을 보여 주었다.

형제들과 왕권을 다투는 과정에서 미노스 왕은 포세이돈에게 기도하여 새하얀 황소를 신의 축복의 증표로 받았다. 덕분에 미노스는 왕이 될 수 있었다. 하지만 정작 왕이 되자 포세이돈에게 하얀 황소를 제물로 바치는 게 아까워서 이 황소를 숨기고 다른 소를 제물로 바쳤다.

포세이돈은 이에 분노해서 저주를 내렸고, 시커먼 황소 한 마리를 크레타섬으로 보냈다. 저주에 걸린 미노스의 아내 파시파에는 이 황소와 사랑에 빠졌고, 그 사이에서 괴물 미노타우로스가 태어났다.

미노스 왕은 저주의 증거이자 인간을 잡아먹는 이 괴물이 크레타섬에서 설치고 다니지 못하도록 어딘가에 가두고 싶었다.

그래서 다이달로스는 한 번 들어가면 나오지 못하는 미로를 만들었다.

미노스 왕은 미로가 완성되자 이 미로에 괴물을 유인해 가두고, 정기적으로 젊은이들을 괴물의 먹잇감으로 바쳤다. 아테네보다 강국이었던 크레타는 아테네에 제물로 쓰일 젊은이들을 바치라고 요구했다. 아테네 사람들은 눈물을 머금고 매년 몇 명의 젊은이들을 미노타우로스의 제물로 보내야 했다.

어느 날 테세우스라는 아테네의 젊은이가 스스로 제물이 되겠노라 자원을 했다. 이 용감하고 잘생긴 젊은이는 제물로 바쳐질 다른 사람들과 함께 크레타섬으로 갔다. 그리고 도착하자마자 미노스 왕에게 말했다.

"내가 가서 그 괴물을 죽이고 오겠습니다! 만약 미로에 들어갔다가 살아나오면, 당신 딸과 결혼하게 해 주십시오."

미노스 왕은 아무도 미로에서 빠져나오지 못하는 걸 알았기에 깊이 생각하지 않고 그러자고 했다. 한편, 미노스 왕의 딸 아리아드네는 이 용감한 아테네 청년에게 한눈에 반해 버렸다. 그래서 어떻게 해서든 테세우스를 살리고 싶다는 마음에 미로를 만든 다이달로스에게 찾아가 사정을 했다.

"언제까지 죄 없는 젊은이들을 미노타우로스의 먹이로 바쳐야 하나요? 이대로 두면 미로를 만든 당신의 이름도 미노타우로스와 함께 영원히 남을 거예요!"

이렇게 아리아드네가 울며 매달리자, 다이달로스도 마음이 움직였다. 왕의 명령으로 세계 최고의 미로를 만들기는 했으나, 괴물에게 사람을 제물로 바치는 일을 원했던 것은 아니었다.

"이 실타래를 들고 실을 풀면서 미로로 들어가게 하시오. 그러면 들어갔다가 다시 나오는 길을 알 수 있을 거요."

다이달로스는 미로에서 길을 잃지 않는 법을 알려 주었다. 이 실타래를 들고 미로에 들어간 테세우스는 미노타우로스와 치열하게 싸웠고, 드디어 그 괴물을 죽일 수 있었다. 살아나온 테세우스는 아리아드네를 데리고 크레타섬을 떠나 영웅이 되어 아테네로 돌아갔다.

한편, 미노스 왕은 아테네인들을 벌벌 떨게 하던 괴물을 잃은 것이 너무도 분했다. 그래서 테세우스가 어떻게 미로에서 살아나올 수 있었는지를 알아보다가 그 배후에 다이달로스가 있다는 사실을 알게 되었다. 미노스 왕은 격노했다.

"갈 곳 없는 너를 받아들여 아내도 만나게 해 주고, 이렇게 편히 살게 해 주었는데, 네가 감히 나에게 이럴 수 있느냐!"

그렇다고 다이달로스를 죽이기에는 그 재주가 너무 아까웠다. 그래서 미노스 왕은 다이달로스와 그의 아들 이카로스를 미로 안에 가두어 버렸다. 자신이 만든 미로였지만, 실타래 없이는 다이달로스도 빠져나올 수가 없었다. 멍하니 하늘만 쳐다보던 다이달로스는 하늘 외에는 도망칠 길이 없다는 것을 깨달았다.

그때부터 다이달로스는 아들과 함께 미로에 떨어지는 새들의 깃털을 오랫동안 주워 모았다. 그리고 나무로 틀을 만들고, 깃털을 밀랍으로 붙여서 거대한 날개 두 쌍을 만들었다. 한 쌍의 날개는 이카로스에게 달아주고, 또 다른 한 쌍은 자신에게 달았다. 그렇게 이 둘은 하늘로 날아올라 미로를 탈출하는 데 성공했다.

하늘로 날아오르기 전에 다이달로스는 아들에게 경고했다.

"얘야, 너무 높이 날아오르면 태양의 열기에 밀랍이 녹는단다. 그러니 너무 높이 날면 안 돼. 또 너무 낮게 날다가는 바닷물에 날개가 젖어서 그 무게에 가라앉게 되니 조심해라."

"네, 아버지!"

이카로스는 답답한 미로에서 드디어 벗어난다는 생각에 들떠서 아버지의 말은 귓등으로 흘려들었다.

그렇게 둘은 높이 날아올라 바다 위를 날았다. 이카로스는 처음에는 무섭고 겁이 났지만, 익숙해지니 하늘을 나는 게 너무도 신났다. 몸을 기울이면 '휘잉' 하고 바람을 타고 공기를 가르며 하늘을 날았고, 그 느낌은 정말 좋았다. 한 번, 두 번 바람을 가르며 신나서 환호성을 지르던 이카로스는 점점 더 높이 올라가 바람을 타고 도약하고 싶어졌다. 조금 더 높이 올라가 '휘잉!', 또 조금 더 높이 올라가 '휘잉!', 그는 하늘을 나는 즐거움에 빠져 날개를 붙인 밀랍이 햇볕에 녹는 줄도 몰랐다.

이번에도 힘차게 날갯짓을 해 솟구쳐서 바람을 타고 공기를 가르려는 순간, 이카로스는 무언가 잘못되었다는 것을 알았다. 날개 하나가 축 처지면서 투두둑 깃털들이 떨어졌고, 그 순간 추락하기 시작했다.

"아악, 아버지!"

놀란 다이달로스가 돌아보았을 때는 이미 너무 늦어 버렸다. 바람을 타고 나아가고 있던 터라 몸을 돌이켜 바람을 거슬러 아들에게 날아갔지만, 아들은 이미 정신을 잃고 바닷속으로 사라져 버렸다.

"이카로스! 내 아들, 이카로스!"

공중을 선회하며 울면서 아들 이름을 불렀지만, 소용이 없었다. 다이달로스는 그렇게 아들을 잃고 혼자 바다를 가로질러 날아서 육지에 도착했다. 어린 아들을 잃고서야 되찾은 값비싼 자유였다.

☑ 깊이 생각해보기

젊은이의 열정을 표현하는 이카루스의 비행

이카루스가 추락하는 이야기는 젊은 세대가 혈기에 넘쳐 어른들의 경고를 무시하면서 일어나는 비극을 대표해요. 하지만 젊은 세대의 무모함이 때로는 세상을 움직이는 동력이 되기도 해요. 어떤 일을 하더라도 자신감 있게 도전하며 주위 어른들의 이야기도 새겨듣는다면, 젊은 시절의 호기심과 정열은 세상을 이롭게 바꾸는 데 많은 도움이 될 거예요.

오이디푸스의
비극적인 운명

"이 아이는 자라서 아버지를 죽이고, 어머니와 결혼할 운명이다."

테베의 왕 라이오스와 그의 왕비 이오카스테 사이에서 아들이 태어나자 내려진 신탁이었다. 마른하늘에 날벼락 같은 소리였다.

라이오스 왕은 깊이 고민하다가 아기를 신하에게 내어주며, 깊은 산 속으로 데려가 죽이라고 했다. 신하는 아기를 안고 산으로 들어갔으나 차마 그 어린 생명을 죽일 수가 없었다. 결국, 아이의 발에 끈을 달아 나무에 거꾸로 매달아 놓고 산에서 내려와 버렸다. 지나가는 산짐승이 알아서 아이를 처리해 줄 거로 믿고 돌아가서 왕에게는 아기가 죽었다고 말했다. 그러나 운명은 아이가 죽도록 내버려 두지 않았다.

옆 나라의 양치기 한 명이 국경에 있던 그 산에 올랐다가 아기를 보고는 데리고 내려왔다. 그런 후, 자기 나라 코린토스의 왕에게 아기를 바쳤다.

"오! 산속에 혼자 버려진 아이가 어쩜 이렇게 잘생겼을까?"

오랫동안 아이가 생기지 않았던 폴뤼보스 왕과 멜로페 왕비는 이 아기를 자신들의 아들로 삼아서 기르기로 했다.

세월이 지나 그 아이는 '오이디푸스'라는 늠름한 청년으로 자랐다. 학문과 무예를 잘 배워서 어디 빠질 곳이 없는 멋진 젊은이였다. 그러나 왕궁에서 연회가 벌어진 어느 날 폴뤼보스 왕의 아우가 오이디푸스에게 이렇게 비아냥거린다.

"주워 온 자식이 왕위를 물려받는구나!"

이 말에 충격을 받은 오이디푸스는 그대로 델포이에 있는 아폴론 신전으로 찾아가 신탁을 부탁한다.

"너는 네 아비를 죽이고, 네 어미와 결혼할 것이다."

무시무시한 신탁을 받은 오이디푸스는 친부모라고 믿고 있는 코린토스의 왕과 왕비에게 돌아갈 수가 없었다. 그래서 길을 틀어서 반대편 나라로 향했다.

오이디푸스의 비극적인 운명

어느 산길을 지나던 중 오이디푸스는 한 노인과 그 일행을 만나게 된다. 좁은 산길이라 한쪽이 멈추어 서서 마차를 길 옆으로 비켜 주어야 했는데, 이를 두고 시비가 붙어서 싸움이 났다. 그 바람에 그만 오이디푸스는 그 노인과 일행을 해치고 말았다.

그 노인은 바로 테베의 왕이자 오이디푸스의 친아버지인 라이오스였다. 테베에 스핑크스라는 괴물이 나타나 사람들을 해치며 나라가 흉흉해지자 신탁을 받으러 델포이로 올라오던 길이었다. 이렇게 아버지를 죽인다는 신탁은 이루어지고 말았다.

영문도 모른 채 테베로 간 오이디푸스는 왕이 죽었다는 소식을 들었다. 또, 괴물 스핑크스를 죽인 이가 왕비 이오카스테와 결혼해 테베의 왕이 된다는 소식도 들었다. 테베의 왕이 되고 싶었던 오이디푸스는 스핑크스를 찾아갔다.

스핑크스는 여자의 얼굴에 사자의 몸을 하고 날개가 달린 괴물로, 지나가는 이에게 수수께끼를 내서 이 수수께끼를 맞히지 못하면 잡아먹어 버렸다. 오이디푸스가 나타나자 스핑크스는 낄낄거리며 수수께끼를 냈다.

"목소리는 하나인데 네 발이었다가 두 발이 되었다가 세 발이 되는 것은 무엇이냐?"

오이디푸스는 곰곰이 생각하다가 답을 말했다.

"인간이다. 태어나서 네발로 기다가, 커서 두 발로 걷다가, 늙으면 지팡이를 짚고 걸으니까!"

"끼악! 감히 내 수수께끼를 풀다니! 분하다!"

인간이 처음으로 수수께끼를 풀자 격노한 스핑크스는 화를 이기지 못하고 낭떠러지 아래로 자기 몸을 던져 죽고 말았다.

이렇게 스핑크스라는 괴물을 죽인 오이디푸스는 이오카스테 왕비와 결혼해서 테베의 왕이 되었다. 그리고 그 사이에서 아들 둘과 딸 둘이 태어났다. 그러나 오이디푸스가 왕이 된 후에도 테베에는 여러 가지 나쁜 일이 계속 생겼다. 사람들이 불안에 떨며 수군거리자 오이디푸스는 왕인 자신이 무슨 잘못을 한 게 아닐까 고민이 되었다.

그러던 어느 날, 코린토스의 왕 폴뤼보스가 죽었다는 소식이 들렸다. 코린토스의 목동은 왕위를 이을 오이디푸스를 찾아 테베로 왔다. 오이디푸스는 목동에게 자신이 양아들이라는 사실을 듣게 되었다.

"뭐라고? 그렇다면 내 친부모님은 누구란 말인가!"

오이디푸스는 자신의 친부모를 찾기 시작했고, 결국에는 자신이 죽인 라이오스가 자신의 친아버지이고, 부인인 이오카스테가 자신의 친어머니라는 것을 알게 된다.

"아아아, 신이시여, 저는 어쩌면 좋습니까?"

이오카스테는 이 진실을 알자 스스로 목숨을 끊었고, 오이디푸스는 자신이 저지른 일을 마주할 자신이 없어 옷핀으로 자기 눈을 찔러 버렸다. 그리고 테베 왕위를 아들에게 물려준 채 광야를 헤매기 시작했다. 막내딸인 안티고네가 눈먼 아버지를 부축하며 함께 광야를 떠돌았다. 그러다가 아테네의 콜로노스에 도착해 여신들의 도움과 테세우스 왕의 자비로 한동안 머물다가 삶을 마쳤다.

깊이 생각해보기

신화에서 시작된 오이디푸스 콤플렉스

이 신화에서 '오이디푸스 콤플렉스'라는 말이 나왔어요. 19세기 말 20세기 초의 심리학자 프로이트는 어린 사내아이가 성장하며 아버지를 경쟁자로 여기고 어머니와 결혼할 거라고 말하는 심리를 '오이디푸스 콤플렉스'라고 불렀어요. 한편, 딸이 아버지와 결혼하고 싶다고 말하는 심리는 '엘렉트라 콤플렉스'라고 부른답니다.

처음 만나는 그리스 로마 신화

초판 1쇄 인쇄 2021년 3월 15일
초판 1쇄 발행 2021년 3월 19일

글 조이스 박
그림 권영묵
펴낸이 박수길
펴낸곳 (주)도서출판 미래지식
기획 편집 김아롬
디자인 design ko

주소 경기도 고양시 덕양구 통일로 140 삼송테크노밸리 A동 3층 333호
전화 02)389-0152
팩스 02)389-0156
홈페이지 www.miraejisig.co.kr
전자우편 miraejisig@naver.com
등록번호 제 2018-000205호

* 이 책의 판권은 미래지식에 있습니다.
* 값은 표지 뒷면에 표기되어 있습니다.
* 잘못된 책은 구입하신 서점에서 바꾸어 드립니다.

ISBN 979-11-91349-04-7 74140
979-11-965989-3-8 (세트)

* 미래주니어는 미래지식의 어린이책 브랜드입니다.